Peter Marwitz

Überdruss im Überfluss

Vom Ende der Konsumkultur

linker alltag

UNRAST

Bibliographische Information der Deutschen Bibliothek:
Die Deutsche Bibliothek verzeichnet diese Publikation
in der Deutschen Nationalbibliografie; detaillierte
bibliographische Daten sind im Internet über
http://dnb.ddb.de abrufbar.

Peter Marwitz
Überdruss im Überfluss

unrast transparent
linker alltag
Band 3

1. Auflage, Oktober 2013
ISBN 978-3-89771-125-9

© UNRAST-Verlag, Münster
Postfach 8020, 48043 Münster – Tel. (0251) 66 62 93
info@unrast-verlag.de – www.unrast-verlag.de
Mitglied in der assoziation Linker Verlage (aLiVe)
Umschlag: Unrast Verlag
Satz: Unrast Verlag
Druck: Interpress

Inhalt

Einleitung: Konsum? Kritik?

Jeder von uns tut es. Jeden Tag. Selbst im Schlaf. Konsumieren. Sei es, dass die Brieftasche gezückt wird, um mit den neuesten Modetrends zu gehen, oder dass nebenher der Stromzähler für all unsere High-Tech-Geräte durchtickert – in der heutigen Industriegesellschaft ist man automatisch VerbraucherIn, KonsumentIn.

Viele Leute denken gar nicht sonderlich über ihr eigenes Konsumverhalten nach, sondern lassen sich von Moden und Hypes treiben, von Schnäppchenangeboten im Supermarkt oder Reklame in den Medien. Die Werbung verspricht Glück und Zufriedenheit, wenn man nur zum richtigen Produkt greift. Die KonsumentInnen haben deshalb wie selbstverständlich ihre Lieblingsmarken, denen sie vertrauen und folgen. Sie sind aber auch preissensibel und haben ein bemerkenswert kurzes Gedächtnis, wenn es um die Schattenseiten der glitzernden Warenwelt geht. Ihnen geht es um die schnelle und einfache Befriedigung ihrer (vermeintlichen) Bedürfnisse, darum, etwas für das Ego zu tun und mithilfe zahlreicher industriell hergestellter Massenprodukte die eigene (vermeintliche) Individualität zur Schau zu stellen. Ja, richtig, so etwas nennt man paradox.

Aber es ist auch eine neue Entwicklung zu beobachten: Obwohl die Mehrzahl der KonsumentInnen nach wie vor ignorant ist gegenüber den Folgen des eigenen Kaufverhaltens, stoßen sich immer mehr Menschen daran, wie ihre Produkte hergestellt werden – aufgeschreckt durch die vielen Lebensmittelskandale (von EHEC bis Pferdefleisch), durch kritische Berichte über die Arbeitsbedingungen bei Discountern wie Aldi und Lidl oder die großangelegte Steuervermeidung von Großkonzernen wie Starbucks und IKEA. Die KonsumentInnen wollen wissen, welche oft fatalen Auswirkungen die Herstellung der Dinge hat, mit denen sie sich umgeben, und sie achten vermehrt darauf, dass ihr Konsum einen möglichst geringen sozialen und ökologischen Schaden anrichtet. Der sogenannte ›bewusste‹, ›kritische‹, ›nachhaltige‹ oder ›politische‹ Konsum ist seit einiger Zeit, auch abseits der Öko- oder linken Szene, ein zunehmend beachtetes Thema. Und wie in diesem Wirtschaftssystem üblich, hat sich inzwischen ein eigener Markt dafür herausgebildet mit entsprechend neuen Marken und Trends...

Wieso ist all das nun überhaupt ein Problem? Weshalb muss man Konsum, in dem Ausmaß, wie er heutzutage fast weltweit betrieben wird, kritisch sehen? Es geht ja nicht darum als Spaßbremse und Spielverderber aufzutreten, wenn man die grellbunte Fassade der Werbe- und Markenwelt hinterfragt. Die Vielzahl negativer Auswirkungen, die das hemmungslose Kaufen und Wegwerfen – Kern und Motor der Marktwirtschaft – mit sich bringt, ist jedoch nicht mehr zu übersehen. Zu ihnen gehören beispielsweise die immense Ressourcenverschwendung für Marketingkampagnen für im Prinzip überflüssige Waren. Zu schnell werden neue Produkte durch wieder neue Modelle ersetzt. Es geht auch um Umweltverschmutzung und das Zerstören ganzer Lebensräume für Mensch und Tier, um die wachsende Abhängigkeit der Medien und der Politik von einigen großen Konzernen, um die zunehmende Verschuldung der KonsumentInnen, um die Durchdringung des Alltags mit kommerziellen Inhalten, um den Ausverkauf öffentlicher Güter und Räume und vieles mehr.

In diesem Buch werde ich die grundlegenden Probleme der Konsumfixierung näher betrachten und dabei einen kleinen Überblick überden gegenwärtigen Zustand der Konsumgesellschaft geben. Damit es nicht zu deprimierend wird, werde ich anschließend auch einige Strategien aufzeigen, wie man dem Hamsterrad entkommen kann, wie man sich gegen das Dauerbombardement von Kaufaufforderungen zur Wehr setzen und den Unternehmen die Stirn bieten kann – kurz, welche Möglichkeiten man als KonsumentIn hat, sich dem Wahnsinn zu entziehen.

Eine generelle Anmerkung noch: Natürlich bin ich mir bewusst, dass Konsumkritik nur ein Teil einer grundsätzlichen Systemkritik sein kann und dass veränderte Konsummuster nicht das Allheilmittel für die Probleme dieser Welt sind. Aber für manche Menschen kann das kritische Hinterfragen des eigenen Kaufverhaltens ein Anfang sein, sich Gedanken über den

Zustand unserer Gesellschaft zu machen. Konsumkritik bietet die Möglichkeit, ganz konkret im eigenen Alltag ein paar erste Schritte in die richtige Richtung zu gehen, statt mit dem eigenen Geld den politischen Gegner zu füttern.

1. Das grundlegende Problem: unser Waren›kreislauf‹

Eine Warnung vorweg: Die folgende Schilderung des Wirtschaftssystems in den heutigen Industriestaaten ist nur ein stark vereinfachter, auf wenige wesentliche Punkte reduzierter Überblick, den ich allerdings für hilfreich und sinnvoll halte, um das Thema Konsumkritik nicht im luftleeren Raum zu behandeln. Denn die vielen Probleme, die der (individuelle) übersteigerte Konsum mit sich bringt, fußen vor allem auf dem Waren›kreislauf‹, den wir als Marktwirtschaft kennen und dessen Grundstruktur viele neuralgische Punkte aufweist. Das heißt, uns sollte immer bewusst sein, dass jeder Kauf genau dieses System stärkt und damit auch dessen negative Auswirkungen fördert.

Kennt ihr »The Story of Stuff Project«, diese von der amerikanischen Aktivistin Annie Leonard ins Leben gerufene Initiative, die mit Hilfe von kleinen animierten Filmen über Missstände des Kapitalismus aufklärt und die Menschen zum Umdenken anregt? In ihrem allerersten Clip – eben »The Story of Stuff« (Die Geschichte vom Zeugs) – stellt sie sehr anschaulich dar, wie das Ganze prinzipiell funktioniert.

Wie ist der Wirtschaftskreislauf also aufgebaut? Es beginnt mit der Ressourcengewinnung, dem Abbau der Rohstoffe, die die Grundlage der Produkte bilden. Diese werden dann in die Produktionsstätten transportiert und unter Einsatz von Energie und Arbeitskraft entstehen Waren. Anschließend werden die Waren in den (Einzel-)Handel eingespeist. An dieser Stelle kommen nun die KonsumentInnen ins Spiel –sie kaufen, u. a. animiert durch Medien und Reklame, die Produkte und tragen sie nach Hause, wo sie zu den anderen Produkten wandern, die dort bereits herumliegen. Hat ein Produkt ausgedient, weil es kaputt ist oder die VerbraucherInnen lieber etwas Neues haben möchten, wandert es auf den Müll, in die Verbrennung oder wird (zu einem geringen Teil) recycelt.

So weit, so gut – eigentlich sieht das alles recht nett und durchdacht aus. Und zweifellos hat uns dieses System einiges an

Fortschritt, Annehmlichkeiten und Komfort gebracht. Aber zu welchem Preis? Denn entlang der gesamten Wertschöpfungs- und Verbrauchskette tut sich eine Vielzahl von Schwierigkeiten auf:

Umweltzerstörung bei Rohstoffabbau, Produktion, Vertrieb

Wer schon einmal Bilder vom Nigerdelta gesehen hat, in dem Shell seit Jahrzehnten Erdöl fördert, weiß, was der Abbau von Rohstoffen für die Umwelt, für Tiere und Menschen vor Ort, bedeutet: Vergiftete Landschaften, verdreckte Flüsse, erodierte Böden, gerodete Wälder, all dies sind Folgen unserer Jagd nach Ressourcen sowie der industriellen Produktion und Landwirtschaft. Denn auch in den Produktionsstätten fallen Umweltgifte an, für den Gütertransport werden regelmäßig neue Straßen gebaut und Unmengen an Energie verbraucht.

Ressourcenverbrauch

Mit der Produktion und dem Konsum von Waren geht der Verbrauch von Ressourcen einher. Ist dies bei nachwachsenden Rohstoffen nicht notwendigerweise (aber trotzdem oft) ein Problem, so werden für unseren Konsumstil aber auch Unmengen an nicht nachwachsenden Rohstoffen vergeudet. Sei es nun Erdöl für Benzin oder Plastik, Kohle zur Energiegewinnung oder Coltan für Handys & Co. – mittlerweile hat das menschliche Wirtschaften solche Dimensionen angenommen, dass wir mehrere Planeten bräuchten, um die Gier nach Ressourcen zu stillen. Dummerweise haben wir, sofern die Raumfahrt nicht gewaltige Fortschritte macht, nur diesen einen Planeten Erde zur Verfügung. Wegwerfgüter, der Konsum von Dingen, die wir gar nicht wirklich brauchen und ein Übermaß an Verpackung tragen zum unnötigen Verbrauch von begrenzten Ressourcen bei.

Ausbeutung des Menschen

Für die Warenproduktion ist neben Rohstoffen noch eine andere Ressource von Bedeutung – nämlich die Menschen; besser gesagt: ihre Arbeitskraft. Spätestens seit bekannt wurde, dass Markenhersteller wie Nike ihre Kleidung in sogenannten Sweatshops in Asien fertigen lassen, ist die Ausbeutung von Menschen für unsere Konsumgüter im öffentlichen Bewusstsein angekommen. Die Hersteller weichen auf Fabriken in ärmeren Ländern aus, um Lohnkosten zu sparen und Arbeitsschutzrichtlinien zu umgehen. Aber man muss gar nicht so weit schauen, um vergleichbar unwürdige Zustände zu finden – Discounterketten wie Lidl oder KiK stehen wegen ihres Umgangs mit MitarbeiterInnen ebenfalls seit einigen Jahren im Kreuzfeuer der Kritik. Die Bildung von Betriebsräten wurde verhindert, MitarbeiterInnen überwacht, private Daten über die Beschäftigten gesammelt und die Mindestanforderungen von Siegeln umgangen. Dass es sich nicht um eine neue Entwicklung handelt, bezeugen die Ergebnisse einer Untersuchung über die Ausbeutung politischer Gefangener in der DDR. Bereits in den 70er und 80er Jahren ließ IKEA Möbelteile von Strafgefangenen produzieren, für Quelle und Neckermann wurden Bettwäsche und Fotoapparate hergestellt.

Politik und Lobbyismus

Eigentlich sollte es in einer Demokratie so sein, dass die vom Volk gewählten PolitikerInnen die Interessen der Menschen vertreten. In der Realität sieht das leider oft genug anders aus – Interessenverbände der Konzerne und der Industrie versuchen über Politikberatung bzw. Lobbyarbeit Einfluss auf die öffentliche Meinung und in letzter Konsequenz auf die Ausgestaltung von Gesetzesvorlagen zu nehmen. Ist die Arbeit erfolgreich, werden z.B. Umweltauflagen aufgeweicht, wird Lohndumping erleichtert und die VerbraucherInnen haben das Nachsehen. Wichtiger als das Klima und eine lebenswerte Umwelt ist in unserem System grundsätzlich das *Konsum*klima und der Erhalt von Arbeitsplätzen (egal wie schlecht diese bezahlt sind) – und damit verbunden die Sicherung der Gewinne der Konzerne. Beispiele für erfolgreichen Lobbyismus finden sich zuhauf. Man muss sich nur die von der rot-grünen Schröder-Regierung eingeführte Riester-Rente anschauen, die eher eine Subventionierung der Versicherungswirtschaft zulasten der SteuerzahlerInnen darstellt, oder die Agenda 2010, an der die neoliberale Bertelsmann-Stiftung federführend mitgewirkt hat. Beispiele aus den letzten Jahren sind die von der FDP durchgesetzte Mehrwertsteuersenkung für Holtelübernachtungen oder das Ausbremsen niedrigerer EU-CO_2-Grenzwerte für Neuwagen durch unsere ›Klima-Kanzlerin‹.

Abhängigkeit von den Finanzmärkten

Über diesen Punkt wurden bereits dicke Bücher geschrieben und im Zuge der sogenannten Finanzkrise dürfte auch dem Letzten klar geworden sein, dass die gesamte Wirtschaft und mit ihr die Gesellschaft am Tropf von Investoren, Spekulanten und ihren Geldströmen hängt. Mit Blick auf ›die Finanzmärkte‹ scheut so manche PolitikerIn eigentlich sinnvolle, für die Aktienkurse aber eventuell negative Reformen. Außerdem sind größere, börsennotierte Unternehmen Sklaven ihrer Quartalszahlen, weil die Finanzwelt diese argwöhnisch im Blick hat, was zulasten langfristiger, eventuell auch nachhaltiger Überlegungen geht. Da Investoren bzw. Aktionäre eine möglichst hohe Rendite ihrer Gelder erwarten, müssen moralische Gesichtspunkte oft hinter dem schnellen Profit zurücktreten.

Marktmachtkonzentration

Einzelne Großkonzerne wie Wal-Mart, Exxon-Mobil oder BP haben inzwischen Umsätze erreicht, die so hoch sind wie das Bruttoinlandsprodukt von Staaten wie Österreich, Indonesien oder Norwegen.Dies hat eine zunehmende Einflussnahme dieser Unternehmen auf Politik, Medien und Gesellschaft zur Folge. Wie auf dem deutschen Energie- und Lebensmittelsektor sichtbar, neigen Märkte zur Oligopolbildung (also zur Beherrschung eines Markts durch wenige Anbieter). In der Folge werden überhöhte Preise diktiert, besondere Forderungen an Lieferanten oder Abnehmer gestellt oder andere Unternehmen behindert. Außerdem fördert die Machtkonzentration eine zunehmende Monotonisierung der Angebote, weil es immer weniger Anbieter gibt und man oft nur die Wahl zwischen Marke A, B und C hat, die aber alle von Firma X produziert werden.

Das KonsumentInnen-Hamsterrad

Hier sind wir im Kernbereich dieses Buchs – dem Konsum. Ich werde darauf in Kapitel 3 ausführlich eingehen und möchte deshalb an dieser Stelle die Problematik nur kurz anreißen. Das (stark vereinfachte) Hamsterrad des modernen Menschen besteht i.d.R. aus Lohnarbeit, durch die man das Geld für den eigenen Konsum verdient, dem man, angeregt durch die Werbemaschinerie, in seiner Freizeit ausgiebig frönt, auch um sich für die Arbeit zu entschädigen. Um dann wieder neues Geld verdienen zu müssen, damit man aus dem Warenzirkus nicht ausgeschlossen wird.

Anhäufung von Dingen

Konsumieren bedeutet auch, sich mit Dingen zu umgeben. Mit *vielen* Dingen. All die Sachen können allerdings auch zu einer Belastung werden, denn sie fordern nicht nur unsere Zeit und Aufmerksamkeit, sondern nehmen schlicht Platz weg. Vollgequetschte Wohnungen, zugeparkte Straßen, übervolle Keller, Dachböden und ›Storage Center‹ (Lagerhallen, in denen man auch als Privatperson Lagerraum mieten kann)sind einige der sichtbaren Symptome. Wie es schon im Film »*Fight Club*« so treffend heißt: »Die Dinge, die du besitzt, besitzen am Ende dich.«

Verschuldung

Konsum kostet Geld – Geld, das manche nicht haben. Dank Kreditkarten, Ratenzahlungen und ähnlichen Angeboten der Unternehmen ist es recht leicht, eine Weile über die eigenen Verhältnisse zu leben und Schulden zu machen. Bevor man auf das neueste Handymodell oder den Flachbildfernseher verzichtet, nimmt man lieber einen neuen Kredit auf – >Jetzt haben, später zahlen< ist für viele inzwischen zum ganz normalen Konsumverhalten geworden. Die Zahl der stetig steigenden Privatinsolvenzen zeigt allerdings, dass dies ein gefährlicher Weg ist.

Müll und Entsorgung

Womit wir am Ende der Produktions- und Konsumkette angelangt sind. Beim Auspacken und Verbrauchen entstehen Unmengen von Abfall – 2011 waren es in Deutschland laut Bundesumweltministerium 530 Kilo Hausmüll pro Kopf im Jahr. All die neulich noch so schönen und begehrenswerten Dinge gehen irgendwann einmal kaputt oder erscheinen plötzlich nicht mehr trendy genug und wandern auf den Müll, wo sie neuerlich Probleme verursachen. Flora und Fauna werden durch die Gifte oder das Plastik, das in den Produkten enthalten ist, geschädigt. Es müssen Flächen zur Ablagerung von Sondermüll ausgewiesen werden, sofern der Müll nicht gleich in ärmere Länder exportiert wird, wo sich deren EinwohnerInnen dann mit den Resten unserer Wohlstandsgesellschaft herumplagen müssen. Nicht sachgerecht entsorgtes Plastik verschmutzt die Meere und schädigt nachhaltig die Fischpopulationen. Und auch bei der Müllverbrennung können wieder giftige Stoffe in die Luft entweichen.

2. Konzernkritik

Zu den Akteuren des Wirtschaftskreislaufs, den ich im ersten Kapitel dargestellt habe, gehören vor allem die Konzerne; deren Produkte halten die gesamte ökonomische Maschine am Laufen.

In den letzten Jahren mehrt sich die Kritik am Verhalten vor allem der großen, multinationalen Unternehmen. Kritik, die es mittlerweile sogar bis ins Fernsehen geschafft hat – die (allerdings recht weich gespülten) »Markenchecks« in der ARD erreichen ein Millionenpublikum mit dem Durchleuchten einzelner Firmen. Das einstmals unerschütterliche Zutrauen der VerbraucherInnen in Unternehmen und ihre Marken beginnt zu bröckeln.

Dabei sollte man unterscheiden zwischen Konzernen, deren gesamtes Geschäft bereits auf Ausbeutung und Zerstörung beruht bzw. deren Produkte deutlich dazu beitragen, die weltweiten Probleme zu verschärfen, wie Ölkonzerne, Waffenproduzenten, Autohersteller, Chemiefirmen, viele Banken etc., oder Unternehmen, deren Produkte indirekte negative Auswirkungen haben, z.B. auf die Gesundheit der KäuferInnen, wie bei Tabakkonzernen oder den großen Lebensmittelherstellern und Fast-Food-Ketten. Hier ist bereits das zugrunde liegende Geschäftsmodell moralisch zweifelhaft oder gesellschaftlich und ökologisch bedenklich.

Und dann gibt es Unternehmen, die vor allem durch ihre spezielle Art der Geschäftsführung negativ auffallen – beispielsweise durch besonders schlechten Umgang mit den MitarbeiterInnen und Zulieferern oder aggressives Expansionsstreben.

Es würde den Rahmen dieses Buches bei Weitem sprengen, hier einen umfassenden Überblick über alle Facetten dieses Themas zu geben. Da meines Erachtens aber Konsumkritik Hand in Hand mit Konzernkritik geht, will ich doch zumindest zwei Beispiele herauspicken, die symptomatisch für die grundlegenden Probleme des gegenwärtigen Wirtschaftens sind und die zu den wichtigen Anlaufstellen des alltäglichen Konsums vieler Menschen gehören.

Wer sich umfassender über die Sündenregister einzelner Großkonzerne – von adidas über Coca Cola und Monsanto bis hin zu Shell – informieren möchte, dem empfehle ich »Das neue Schwarzbuch Markenfirmen. Die Machenschaften der Weltkonzerne« von Klaus Werner-Lobo und Hans Weiss bzw. »Uns gehört die Welt!« von Klaus Werner-Lobo (eine etwas anschaulichere, vor allem für jüngere LeserInnen gedachte Fassung des Schwarzbuchs).

Aldi, Lidl & Co.: Wie teuer ›billig‹ wirklich ist

Discounter und ihr Geschäftsmodell der billigen Waren und reduzierten Massenangebote sind seit einigen Jahrzehnten weltweit auf dem Vormarsch. Was für die KundenInnen zunächst wie ein Vorteil erscheinen mag – sinkende Preise für Produkte des alltäglichen Bedarfs –, hat leider viele Schattenseiten. Für manche Menschen sind Aldi-Konzerngründer Theo und Karl Albrecht fast schon Wohltäter, da sie ja für die ›günstige‹ Versorgung der Menschen mit Lebensmitteln sorgen; zuweilen werden sie medial als ›ehrbare Kaufleute‹ und Vorzeigeunternehmer gefeiert. Allein die Tatsache, dass die beiden Brüder die reichsten Deutschen sind (bzw. waren; Theo Albrecht ist inzwischen verstorben), sollte aber stutzig werden lassen. Konzerne wie Aldi oder Lidl sind gebettet in ein undurchdringliches Netz aus Stiftungen, das vor allem dem Ziel dient, so wenig wie nur möglich vom Gewinn steuerlich abführen zu müssen. Das heißt, unsere freundlichen Discountmilliardäre reduzieren erheblich das Geld, das eigentlich dem Staat zur Verfügung stehen könnte. So wächst ihr Vermögen und die Allgemeinheit muss verzichten lernen, weil der Staat immer weniger Ausgaben tätigen kann.

Aber was ist noch so schlimm an der Aldisierung der Welt? Geld zu sparen und Lebensmittel und sonstige Produkte zu niedrigeren Preisen als im ›normalen‹ Einzelhandel zu kaufen, ist doch eigentlich eine tolle Sache? Ist Geiz nicht geil? Wer so fragt, stellt die kurzfristige Eigennutzenmaximierung ins Zentrum der Argumentation. Dabei werden jedoch die mittel- und langfristigen Folgen dieser Denkweise sowie die oft skandalösen Bedingungen, unter denen die Billigware produziert und vertrieben wird, außer Acht gelassen.

Beginnen wir mit den Arbeitsbedingungen bei den Discountern. Jedem sollte klar sein, dass die Discounter ihre billigen Preise primär durch Einsparungen realisieren können (und nicht etwa nur wegen der großen Abnahmemengen oder der spartanischen Architektur). Die Beschäftigung von MitarbeiterInnen stellt einen wesentlichen ›Kostenfaktor‹ für jedes Unternehmen dar. Zum Leidwesen der Angestellten wird deshalb an dieser Stelle häufig zuerst gespart. Die Folge ist, dass in Discountläden weniger Menschen arbeiten als sonst im Einzelhandel üblich. Auf der einen Seite steigt die Arbeitslosigkeit in diesem Sektor, weil weniger Menschen angestellt werden. Auf der anderen Seite sind die Angestellten einer höheren Belastung ausgesetzt, weil sie die fehlenden Stellen ersetzen müssen. Sie werden zudem zum Teil noch schlecht bezahlt und arbeiten aufgrund unbezahlter Überstunden durchaus auch unterhalb der üblichen Sozialstandards. Die bekannt gewordenen Überwachungsskandale bei den Discountketten weisen gleichfalls auf diesen Umstand hin. Im ZEIT-Artikel »Fiese Arbeit – Alle unter Kontrolle« vom 17.11.2005 schreibt Autor Marcus Rohwetter: »Ob Lidl, Schlecker oder Aldi – bei den Discountern regieren die Patriarchen. Und die Mitarbeiter dürfen nur eines: Funktionieren.«

Es ist nur logisch, dass das Drehen an der Kostenschraube nicht an den Unternehmensgrenzen der Discountketten Halt macht, sondern sich auf die Zulieferbetriebe und deren Produzenten ausdehnt. Da Aldi, Lidl & Co. gewaltige Warenmengen abnehmen, aber um jeden Cent feilschen, werden auch die Zulieferer unter Druck gesetzt zu sparen, Kosten zu senken und so billig wie möglich zu produzieren bzw. produzieren zu lassen. Das bedeutet, dass die Probleme, die sich bei den Discountern zeigen, also Lohndumping, unbezahlte Überstunden usw., auch bei den nachgelagerten Firmen auftreten. Und dann wiederum bei den Produzenten oder Landwirten, die die Industrialisierung der Landwirtschaft immer weiter vorantreiben. Um Schritt zu halten, wird mit mehr Dünger und Chemie gearbeitet – zum Nachteil der Böden und des Grundwassers.

Selbstverständlich nutzen auch die Discounter längst die Vorteile der globalen Vernetzung. Sie produzieren in sogenannten

Billiglohnländern, um Abgaben zu sparen und innereuropäische Sozialstandards zu umgehen. Demzufolge herrschen in den Zulieferbetrieben außerhalb Deutschlands noch erbärmlichere Zustände.

Die Produktions- und Arbeitsweise der Discounter schafft aber auch Nachteile, die uns alle gleichermaßen betreffen. Beispielsweise wird durch den niedrigen Preis, den die Aktionswaren haben, die Wegwerfmentalität gefördert – es wird viel Schund produziert, der dann vorschnell zu Müll wird. Die Folgen der Umweltausbeutung und -zerstörung haben vorerst diejenigen zu tragen, deren Lebensgrundlage die Flüsse oder Wälder sind, die vergiftet oder gerodet werden, um kostengünstig und ohne lästige Umweltauflagen irgendeinen Ramsch herzustellen. Der selbstzerstörerische Mechanismus, der unserem Wirtschaften zugrunde liegt, wird durch die Billigläden angetrieben und verschärft die weltweiten Krisen.

Genauso fatal und teuer: die aus der voranschreitenden Verbreitung der Discounter bei gleichzeitiger Zurückdrängung anderer Einzelhandelsstrukturen resultierende Arbeitsplatzvernichtung. Studien aus den USA ergaben, dass für jeden Arbeitsplatz, den Wal-Mart schafft, 1,5 besser bezahlte Arbeitsplätze im Einzelhandel vernichtet werden. Und Wal-Mart ist im Vergleich zu deutschen Discountern noch üppig mit Personal ausgestattet. Die Folgen für den hiesigen Arbeitsmarkt sind entsprechend gravierender.

Die Mehrzahl der KundInnen von Discountern gehört übrigens keineswegs zu den Einkommensschichten, die quasi gezwungen sind zu sparen, wo es nur geht, sondern könnten es sich sehr wohl leisten, andere Geschäfte zu besuchen.

Nestlé: Abhängigkeit als Prinzip

Der weltgrößte Lebensmittelkonzern Nestlé hat seinen Hauptsitz im Schweizer Örtchen Vevey. Von dort aus kontrolliert das Unternehmen ein wahres Imperium an Marken und Produkten – 2011 wurde ein weltweiter Umsatz von ca. 68 Mrd. Euro erzielt. Der gesamte Nahrungsmittel-Weltmarkt wird von gerade einmal zehn Großunternehmen beherrscht, neben Nestlé vor allem noch Kraft Foods, Unilever, Coca-Cola, PepsiCo und Danone. Wie die anderen Lebensmittelmultis versammelt Nestlé mittlerweile mehrere Tausend Marken in seinem Portfolio. Um einen kleinen Überblick zu geben, hinter welchen Marken sich Nestlé verbirgt, hier einige ihrer bekanntesten Marken in Deutschland:

Alete	Maggi	Mövenpick
Vittel	Schöller	Kit Kat
Perrier	Herta	Milsan
San Pellegrino	Wagner	Nescafe
Contrex	Yes Riegel	Nespresso
Fürst Bismarck	Smarties	After Eight

Zusammen mit L'Oréal besitzt Nestlé auch The Body Shop (so viel zum ›alternativen‹ Image dieses Unternehmens ...).

Seit vielen Jahren fällt das Unternehmen immer wieder negativ mit seiner aggressiven, rücksichtslosen, umwelt- und menschenfeindlichen Firmenpolitik auf. Dabei wird auch nicht vor dem Bespitzeln missliebiger KritikerInnen zurückgeschreckt. Das bekamen 2004 einige AutorInnen von Attac Schweiz zu spüren, die zur Zeit des G-8-Gipfels in Evian für ein Buch über Nestlé recherchierten und von einem Nestlé-Spitzel unterwandert wurden.

Mit den eigenen Absichten und Ansichten hält der Konzern nicht einmal hinter dem Berg. In einem bezeichnenden *Stern*-Interview aus dem Jahr 1996 äußerte sich der damalige Nestlé-Chef Maucher mit den Worten:.

> »Wir haben mittlerweile, provozierend gesagt, einen gewissen Prozentsatz an Wohlstandsmüll in unserer Gesellschaft. Leute, die entweder keinen Antrieb haben zu arbeiten, halb krank oder müde sind, die das System einfach ausnutzen.«

Und im weiteren Verlauf erklärte er: »Gentechnologie ist wichtig, dazu stehen wir«

Das Thema Gentechnik wurde und wird in der Öffentlichkeit viel diskutiert. Es gibt eine Vielzahl kritischer Stimmen zum

Einsatz von Gentechnik im Lebensmittelbereich, da die Auswirkungen auf den Menschen noch nicht wirklich erforscht sind. Zudem lässt sich der Prozess nicht mehr umkehren, wenn erst einmal die natürlichen Pflanzen durch die manipulierten ›kontaminiert‹ sind. Auf lange Sicht wird der Einsatz von gentechnisch verändertem Saatgut die Abhängigkeit der Landwirte von den Konzernen steigern. Denn da das manipulierte Saatgut patentiert wird, ist es den Landwirten nicht mehr möglich, aus der eigenen Ernte Samen für die nächste Saison zu ziehen.

Nestlé arbeitet offensichtlich darauf hin, solche einträglichen Abhängigkeiten zu erzeugen. Ein weiteres Beispiel ist der Wassermarkt. Im Dokumentarfilm »We feed the world« aus dem Jahr 2008 plaudert Nestlé-Konzernchef Peter Brabeck-Letmathe ungerührt darüber, dass Trinkwasser unbedingt einen Marktpreis bekommen müsse und der Zugang zu Wasser kein öffentliches Recht sein dürfe. Von der Ungeheuerlichkeit dieser Aussage einmal abgesehen, geht es Nestlé (und anderen Konzernen) im Prinzip darum, Wasser zu einem Gut zu machen, dieses dann in Plastikflaschen abzufüllen (mitsamt den negativen Umweltfolgen, die mit Plastik einhergehen) und für ein Vielfaches weiterzuverkaufen. Das Abpumpen des Grundwassers für Mineralwasser, Cola & Co. hat daneben gravierende ökologische Folgen für die Menschen vor Ort. Der 2012 veröffentlichte Film »Bottled Life – Nestlés Geschäft mit dem Wasser« dreht sich ausschließlich um diese Geschäftspraktiken.

Außerdem vertreibt Nestlé intensiv beworbene ungesunde Nahrungsmittel – auch hier setzt das Unternehmen auf Lobbyarbeit, um strengere Auflagen zu umgehen und weiterhin ungehindert Zuckerbomben als gesunde ›Frühstückscerealien‹ vermarkten zu können.

Bereits in den 1970er Jahren sorgte Nestlé für einen Skandal in Afrika. Der Konzern versorgte, bevorzugt in den armen Ländern Afrikas, Mütter in den ersten Tagen nach der Geburt ihrer Babys mit kostenlosem Milchpulver. Bald konnten die Frauen nicht mehr selbst stillen, sondern waren auf Nestlés Milchpulver angewiesen. Im Gegensatz zum Stillen kostete das Milchpulver Geld, über das die meisten Mütter nicht verfügten, und wurde zudem häufig mit verunreinigtem Wasser angemischt, was zu vielen Todesfällen und Krankheiten unter den Säuglingen führte. (Ausführlicher wird dies in Jean Zieglers Buch »Das Imperium der Schande«, Goldmann, 2008, beschrieben.) Nicht zuletzt diese Praktiken haben Nestlé schon eine Reihe von Protest- und Boykottaktionen eingebracht.

Als letzten Punkt möchte ich noch erwähnen, dass Nestlés Schokoladenproduktion, wie auch die von Ferrero, Kraft (Milka etc.), mit dem Problem der Kinderarbeit verknüpft ist. Die Dokumentation »Schmutzige Schokolade« von Miki Mistrati widmet sich eingehend der Ausbeutung von Kindern auf Kakaoplantagen für die westlichen Lebensmittelkonzerne. Auch wenn die erwähnten Konzerne Kinderhandel und Kinderarbeit nicht direkt betreiben, so scheinen sie die Zustände auf den Plantagen doch zu dulden.

Die Aufzählung könnte noch um einige Punkte ergänzt werden! Aber mittlerweile sollte deutlich geworden sein, dass man die Firmenpolitik von Nestlé & Co. nicht durch den Kauf ihrer Produkte unterstützen sollte.

3. Das Zeitalter des Konsumismus

Ich werde kaum jemanden schockieren, wenn ich behaupte, dass wir heutzutage in einer Konsumgesellschaft leben. Also in einer Gesellschaft, in der es zu einem Gutteil darum geht, das anfangs geschilderte Wirtschaftssystem am Laufen zu halten, indem wir regelmäßig und viel kaufen – und zwar selbst dann, wenn wir diese Dinge gar nicht brauchen oder sie uns eigentlich finanziell nicht leisten können. Konsum ist zu einem zentralen Punkt im Leben vieler Menschen geworden. Vor allem in den Industriestaaten frönen wir einem Lebensstil, den man *Konsumismus* nennen könnte. Wikipedia definiert diesen Begriff folgendermaßen:

»*Konsumismus*, auch *Konsumerismus* oder *Konsumentismus* (von lat. *consumere* - verbrauchen), ist ein übersteigertes Konsumverhalten zum Zweck der gesellschaftlichen Distinktion oder des Strebens nach Identität, Lebenssinn und Glück.«

Die Folgen des eigenen Konsums (über die momentane, kurzfristige Befriedigung hinaus) sind für viele Menschen ein kniffliges, heikles und vor allem emotionales Thema, über das eher ungern reflektiert wird. Warum dies so ist und wie der Konsumismus unseren Alltag prägt, soll im Folgenden verdeutlicht werden.

Eine kurze Geschichte der Konsumkritik

Auch wenn sich eine überhöhte Konsumorientierung, wie wir sie heute kennen, im Prinzip erst nach dem Zweiten Weltkrieg in Europa ausbreitete, machte man sich bereits in der griechischen Antike Gedanken über die Auswirkung von Besitz auf den Menschen.

Dezidiert konsumkritische Töne schlug der französische Philosoph Jean-Jacques Rousseau Ende des 18. Jahrhunderts in seinen Werken an. Im Zuge der Industrialisierung mehrten sich im 19. Jahrhundert mahnende Stimmen, die die sich abzeichnende Entwicklung mit Sorge betrachteten. Die bekannteste grundlegende Systemkritik findet sich im »Kapital« von Karl Marx. In Friedrich Nietzsches späteren Werken, insbesondere »Also sprach Zarathustra« (1883–85), wird der sinnentleerte Materialismus abgelehnt und ein einfaches Leben propagiert.

Im 1883 erschienenen Roman »Au Bonheur des Dames« (dt. »Das Paradies der Damen«) von Emile Zola geht es um den Aufstieg eines Warenhausbesitzers, die Faszination des Konsums und um die mit ihm verbundenen Probleme – von Kaufrausch und Verschuldung aufseiten der KundInnen bis zum Verdrängen kleiner Geschäfte durch das große Warenhaus.

1899 veröffentlichte der amerikanische Sozialwissenschaftler Thorstein Veblen sein vielbeachtetes Werk »Theory of the Leisure Class« (dt. »Theorie der feinen Leute«), in dem er den verschwenderischen Lebensstil der amerikanischen Geldaristokratie beschreibt und anprangert, dass diese auf Kosten der restlichen (arbeitenden) Bevölkerung lebt.

Generell wurde in den Vereinigten Staaten in der Zeit um und nach dem Ersten Weltkrieg die Steigerung des Konsums noch weitgehend begrüßt und als Möglichkeit zum Ausgleich sozialer Unterschiede angesehen (siehe dazu Wolfgang König: »Geschichte der Konsumgesellschaft«, S. 440ff., Franz Steiner Verlag Stuttgart, 2000). Dieses Denken sollte sich erst ab den 1950er Jahren langsam zu ändern beginnen.

Zu den bedeutendsten Kritikern der Konsum- und Eventgesellschaft der neueren Zeit gehören Theodor W. Adorno und Max Horkheimer (die Begründer der Frankfurter Schule), Herbert Marcuse, Erich Fromm sowie Guy Debord, die in den 1960er und 70er Jahren wegweisende Werke zu diesem Thema veröffentlichten. Die drei Letztgenannten und ihre theoretischen Ansätze möchte ich kurz vorstellen.

Der eindimensionale Mensch

Herbert Marcuse (1898–1979) war ein deutsch-amerikanischer Philosoph, Soziologe und Politologe. Einer seiner wichtigsten Beiträge zur Konsumdebatte und ein Grundlagenwerk der 68er-Bewegung ist sein 1964 veröffentlichtes Buch »Der eindimensionale Mensch – Studien zur Ideologie der fortgeschrittenen Industriegesellschaft«. In diesem beunruhigenden Werk schildert Marcuse eine Gesellschaft, deren Mitglieder kraft der

Konsumwerbung eingelullt und ruhiggestellt werden. Das Individuum lässt es sich gefallen, von Politik, Medien und Wirtschaft mit Annehmlichkeiten ›umsorgt‹ und dabei unterdrückt zu werden. Für Marcuse ist die Konsum-, Waren- und Medienwelt, an die wir uns alle mehr oder weniger gewöhnt haben, eine gut getarnte Form der Sklaverei.

Haben oder Sein

Erich Fromm wurde 1900 in Frankfurt a.M. geboren, emigrierte 1934 zusammen mit dem Frankfurter Institut für Sozialforschung in die USA, wo er Vorlesungen an der New Yorker Columbia-Universität hielt und eine psycholanalytische Praxis eröffnete. Er starb 1980 in Muralto, Schweiz. Fromm verfasste zahlreiche Schriften, in denen er viele Aspekte des Menschseins, der Gesellschaft, aber auch des Wirtschaftssystems und seinen Folgen für die psychische Gesundheit der Menschen aufgriff. Seine Werke sind, neben denen von Jung und Freud, echte Klassiker und werden weltweit gelesen. Er legt immer wieder den Finger in die Wunden, die das profitorientierte Streben reißt – so auch in einem seiner für die Konsumkritik zentralen Werke, »Haben oder Sein«, von 1976.

Nach Fromm gibt es zwei verschiedene Arten menschlichen Daseins – das vom Haben und das vom Sein geprägte. Wir in der westlichen Welt leben seit vielen Jahrzehnten in einer Gesellschaft, in der es wichtig ist zu besitzen, über Dinge zu verfügen und daraus Selbstbewusstsein und Zufriedenheit zu schöpfen. Nach und nach griff dieses Bewertungsmuster auch auf alle anderen Lebensbereiche über, so dass wir mittlerweile Beziehungen wie Sachen ›haben‹ und Menschen als quantifizierbaren Ausdruck des eigenen Werts betrachten (siehe Facebook – ›1.789 Freunde‹). Menschen werden zu einer Art Besitz, den es anzuhäufen, zu verteidigen und zu pflegen gilt. Demgegenüber steht die Existenzweise des Seins: grob vereinfacht, schöpft man Befriedigung aus sich selbst heraus, aus dem, was man ist, wie man mit anderen Menschen umgeht, und indem man sich an der Gegenwart erfreut, ohne gleich alles, was man sieht oder hört, besitzen und nach Hause tragen zu wollen.

Die Gesellschaft des Spektakels

Guy Debord (1931–1994) war ein französischer Autor, Künstler und Revolutionär. Sein Hauptwerk »Die Gesellschaft des Spektakels« ist ein (leider nicht immer leicht verständlicher) Klassiker der konsum- und gesellschaftskritischen Philosophie. Guy Debord ist Gründungsmitglied der Situationistischen Internationale, einer Gruppe linksradikaler Künstler und Intellektueller im Frankreich der 1960er Jahre. Einiges von dem, was man heute als ›Culture Jamming‹ bezeichnet (siehe dazu Kapitel 4), bezieht sich auf Debords kritische Analyse der ›Spektakelkultur‹, die für ihn durch die »Inszenierung falscher Bedürfnisse« gekennzeichnet ist.

> »Das Spektakel ist der Moment, worin die Ware zur völligen Besetzung des gesellschaftlichen Lebens gelangt ist. Das Verhältnis zur Ware ist nicht nur sichtbar geworden, man sieht sogar nichts anderes mehr: Die Welt, die man sieht, ist seine Welt.« (S. 35)

> »Der Gegenstand, der im Spektakel ein Prestige hatte, wird vulgär, sobald er bei diesem Konsumenten und gleichzeitig bei allen anderen ins Haus tritt. Zu spät offenbart er seine wesentliche Armut, die natürlich vom Elend seiner Produktion herrührt. Aber schon trägt ein anderer Gegenstand die Rechtfertigung des Systems und die Forderung, anerkannt zu werden.« (S. 56)
> – *Guy Debord, »Die Gesellschaft des Spektakels«, 1967*

›Der gute Konsument‹

Wie sehen sie nun aus, die perfekten KonsumentInnen, d. h. die mustergültigen Menschen, die das Rückgrat der heutigen Konsumgesellschaft bilden und die Wirtschaft am Laufen halten? Aus Sicht der Konzerne, ihrer Marketingabteilungen und im Grunde sogar der meisten Parteien sind nicht so sehr engagierte oder gar selbständig denkende und kritische BürgerInnen, sondern vor allem KäuferInnen und VerbraucherInnen gefragt, die sich klaglos in dem Hamsterrad aus Arbeit und Shopping bewegen.

›Der gute Konsument‹:

- hält einen vom Wohlstand geprägten Lebensstil, bestehend aus Konsumgütern und den damit in Zusammenhang stehenden Aktivitäten, für die wichtigste Voraussetzung eines guten Lebens;
- setzt den Kauf und Besitz von Waren mit Zufriedenheit, Glück und einem erfüllten Leben gleich;
- sieht Shopping als Therapie gegen schlechte Laune und als Belohnung für harte Arbeit an;
- konzentriert sich beim Kauf auf die Dinge, die er will, nicht diejenigen, die er braucht;
- geht mit Trends und Moden, die ihm mitteilen, wann es an der Zeit ist, seine Produkte durch neue zu ersetzen;
- sieht viel fern und konsumiert andere Medien, die ihn in seinem materiellen Lebensstil bestärken und darüber informieren, welche Mode gerade angesagt ist;
- bewundert Stars und Sternchen und folgt ihren Tipps;
- sieht Konzerne und ihre Marken als Freunde an;
- läuft gerne mit Markenlogos auf der Kleidung herum, um die Verbindung zum Unternehmen und dessen Image nach außen zu demonstrieren;
- hält Reklame für wertvolle Verbraucherinformationen;
- repariert kaputte Produkte nicht, sondern kauft sofort neue;
- ist chronisch unzufrieden mit dem eigenen Aussehen und deshalb Dauerkunde der Kosmetik-, Schönheits- und Modeindustrie;
- fährt oder fliegt am besten mehrmals pro Jahr in den Urlaub und nimmt generell an möglichst vielen Events teil;
- freut sich auf die Neueröffnung einer Shopping-Mall und steht schon früh morgens an, um am Eröffnungstag zu den ersten KundInnen zu gehören;
- lässt sich durch vermeintliche Schnäppchenangebote zu Spontankäufen verleiten, auch wenn die Produkte eigentlich überflüssig sind;
- teilt die eigenen Sachen nicht mit anderen, sondern animiert Freunde dazu, sie sich ebenfalls zu kaufen;

- verschuldet sich lieber, statt aus finanziellen Gründen Käufe zu verschieben oder gar ganz darauf zu verzichten;
- steckt die eigenen Kinder so früh wie möglich mit der Marken- und Konsumfixierung an.

Wenn man sich die Entwicklung des Konsumniveaus der letzten Jahrzehnte anschaut, gibt es in unseren Breitengraden keinen Mangel an solch >guten< KonsumentInnen. Die intensiven Anstrengungen der Konzerne mit ihren gewaltigen Marketing- und Werbebudgets, die Dauerpräsenz von Reklame in den Mainstreammedien und eine von Lobbyismus geprägte Politik, haben dazu geführt, dass die einfachen Botschaften der Warenwelt tief ins Bewusstsein der Bevölkerung gesickert sind. Dennoch, das haben Studien gezeigt, sind die Menschen nicht glücklicher geworden – das Zufriedenheitsniveau stagniert in den Industrieländern seit den 1950er Jahren oder ist sogar rückläufig. Offenbar heißt >mehr kaufen< oder >das neueste elektronische Gadget besitzen< doch nicht zwingend besser zu leben.

Der Soziologe Hartmut Rosa fasst das Dilemma in einem Interview mit der ZEIT treffend zusammen:

> »Je mehr ich mir kaufen kann, umso kürzer hält die Befriedigung. Der Kapitalismus kann nur so funktionieren. Wir müssen von dem, was wir gekauft haben, enttäuscht werden. Allerdings auch nicht so tief, dass wir aus der Konsumwelt aussteigen.« – »*Wir wissen nicht mehr, was wir alles haben*«, DIE ZEIT, 19.12.2007

Die (Un-)Kultur des Kommerzes

Dass sich der Kommerz in immer weitere Bereiche unseres Alltags ausbreitet, ist ein schleichender, von vielen nicht bewusst wahrgenommener Prozess. Was zunächst mit etwas Reklame, ein paar Werbeplakaten oder ein bisschen Sponsoring begann, prägt inzwischen derart unser Leben, dass der Profitgedanke vielerorts gar nicht mehr hinterfragt oder in Zeiten klammer Kommunalkassen als >alternativlos< zähneknirschend hingenommen wird.

Welche Merkmale weist nun die (Un-)Kultur des Kommerzes auf? Und welche Auswirkungen hat sie auf den Einzelnen und die

Gesellschaft? Die wesentlichen Punkte hat Michael F. Jacobson, US-amerikanischer Ernährungswissenschaftler, zusammengetragen:

- Die Orientierung am Kommerz verzerrt unser Kulturleben. Jedes kulturelle Ereignis verwandelt sich in einen Anlass zu konsumieren. Filme, Musikkonzerte und Kunstausstellungen sind heutzutage ohne Fanartikel und Merchandise nicht mehr vorstellbar. Mit CDs, T-Shirts und bedruckten Nippes sollen die BesucherInnen zu weiteren Käufen animiert werden. Auch KünstlerInnen und Plattenlabel orientieren sich in ihrem Schaffen verstärkt an den Trends, die besonders gute Verkaufsquoten versprechen.

- Das Sponsoring von Non-Profit-Organisationen durch Konzerne wird die Beteiligten vermutlich auf die eine oder andere Weise in ihrem Verhalten beeinflussen. Zum Beispiel kann die Unterstützung durch die Tabakindustrie eine Organisation davon abhalten, Anti-Raucher-Kampagnen zu unterstützen. Genauso wie das Sponsoring von Universitäten, Wissenschaftsausstellungen und Museen durch Unternehmen Einfluss auf die Inhalte haben und die Objektivität untergraben kann.

- Die Kommerzialisierung von Schulmaterial und -ausrüstung, wie sie inzwischen auch hierzulande immer öfter vorgenommen wird (siehe zuletzt das Sponsoring von Schulinformationen zu Ernährungsfragen ausgerechnet durch McDonald's), torpediert eine unabhängige, ungestörte und nicht auf Marken fixierte Ausbildung.

- Die Kommerzkultur und die Logik des Marketings hat längst auch die Politik durchdrungen. In der Vergangenheit versuchten KandidatInnen die WählerInnen mit ihren politischen Standpunkten zu überzeugen – in unserer Mediendemokratie gilt dieses Vorgehen zunehmend als zu kompliziert und die Inhalte als zu schwer kommunizierbar. Wie in der Reklame geht es deshalb auch in der Politik vermehrt um einfache Slogans und ums Erscheinungsbild der KandidatInnen. Medial aufgeblasene ›TV-Duelle‹ wie in den USA (aber inzwischen auch in vielen anderen Ländern), in denen es vor allem darauf ankommt, sich gut zu präsentieren, entscheiden mit über den Ausgang von Wahlen.

- Die öffentliche Wahrnehmung der Aktivitäten und Prioritäten eines Unternehmens wird durch Reklame verzerrt. Denn die Öffentlichkeitsarbeit zahlreicher Unternehmen ist darauf ausgerichtet, einzelne positive Aspekte (wie fairen Handel, umweltfreundliche Produktion) so stark herauszustellen, dass für die KäuferInnen der Eindruck entsteht, es handle sich um eine typische Aktivität des Unternehmens. Auf dieses sogenannte Greenwashing werde ich später noch einmal eingehen.

- Unsere kommerzialisierte Gesellschaft legt hohen Wert auf das Erscheinungsbild eines jeden und ermutigt uns, mehr Wert auf unser Aussehen und das von anderen zu legen als auf den Charakter, Talente oder die Persönlichkeit. Weltweit laufende Reklamekampagnen reduzieren Attraktivität auf die Wahl des richtigen Deos oder den richtigen ›Look‹ und fördern damit eine Kultur der Oberflächlichkeit.

- Die konstante Berieselung mit Werbebotschaften kann Materialismus und Egoismus fördern und Werte wie Zusammenarbeit und Genügsamkeit aushöhlen. Dies kann dazu führen, dass Menschen weniger geneigt sind, einander zu helfen – Statistiken zeigen z. B., dass die Spendenbereitschaft in den letzten Jahren immer weiter zurückgegangen ist.

- Die Marketingexperten erstellen detaillierte elektronische KäuferInnenprofile. Dort sind u. a. Angaben zum Besitz von Autos als auch Shopping-Vorlieben zu finden. Diese elektronischen Datenbanken bergen ein nicht zu unterschätzendes Missbrauchspotenzial.

- Im Internet versuchen Unternehmen wie Facebook oder Google alles, um möglichst detaillierte Bewegungs- und Konsumprofile der UserInnen zu erhalten. Anschließend wird ›zielgruppenoptimierte‹ Reklame auf den Seiten geschaltet, um das Kaufinteresse zu wecken.

- Man findet kaum Ruhe vor den permanenten Kaufaufforderungen. Ehemals öffentliche Räume wurden entweder privatisiert oder mit den bunt flackernden Botschaften der Konzerne zugepflastert.

- Shopping und Konsum hält uns von anderen mitreißenden Aktivitäten ab.
- Unsere kommerzialisierte Kultur ermuntert Menschen, vorschnell Geld auszugeben, das sie gar nicht haben. Die Zahl der BürgerInnen mit finanziellen Problemen hat in den letzten Jahrzehnten deshalb stetig zugenommen.
- Viele Anzeigen implizieren, dass Glück etwas ist, das wir uns einfach kaufen können.
- Konsumieren gilt als der einzig wahre Lebensstil und sorgt damit für eine Marginalisierung alternativer Lebensentwürfe.

Geplante Obsoleszenz:
Die Wegwerfgesellschaft

Nichts ist in unserem Wirtschaftssystem aus Sicht der Hersteller fataler als ein Produkt, das jahrelang problemlos funktioniert und den KundInnen somit keinerlei Anlass gibt, es möglichst rasch durch ein neues zu ersetzen. Deshalb wird diesem potenziellen Konsum-GAU bereits frühzeitig auf Produzentenseite entgegengewirkt. Folgende vier Strategien werden dabei verfolgt:

1. Das Unternehmen baut seine Produkte so, dass sie möglichst schnell kaputt gehen.
2. Das Unternehmen bringt in schneller Abfolge neue Modelle eines Produkts heraus, die immer irgendetwas ein bisschen besser können oder unverzichtbare Vorteile gegenüber dem Vorläufer versprechen (die dann gerne als »Innovation« angepriesen werden).
3. Produkte wie z.B. Kaffeemaschinen oder Drucker werden so konstruiert, dass die KundInnen nur Nachfüllpacks vom selben Unternehmen verwenden können. KundInnen werden so längerfristig an das Unternehmen gebunden (sogenannter ›Lock-in-Effekt‹).
4. Vor allem um Punkt 2 und 3 zu verstärken und den KonsumentInnen die Notwendigkeit eines Neukaufs schmackhaft zu machen, wird Marketing eingesetzt.

Ich möchte mich zunächst mit dem ersten Punkt befassen – diese Vorgehensweise der Hersteller wird als >geplante Obsoleszenz< (geplanter Verschleiß) bezeichnet. Wir alle kennen so etwas: da ist ein Produkt gerade ein paar Wochen über die Garantiezeit hinaus und plötzlich geht es kaputt. Wie ärgerlich! Was für ein Pech! Aber kann das wirklich Zufall sein? Dass die sogenannten Sollbruchstellen kein Mythos sind, obwohl die Industrie in der Regel entsprechende Vorwürfe von sich weist, wurde mehrfach belegt.

Die ARTE-Dokumentation »Kaufen für die Müllhalde« widmet sich ausführlich der gesamten Problematik unserer Wegwerfgesellschaft. Am Beispiel der Glühlampe wird deutlich, dass die KundInnen schon Anfang des 20. Jahrhunderts durch künstlich schlechter gemachte Produkte zum Mehrkauf bewegt wurden. Damals hatte der Erfinder Adolphe Chaillet eine Glühlampe entwickelt, die erstaunlich viele Stunden hielt – die legendäre Glühlampe im kalifornischen Städtchen Livermore brennt seit 1901 (zu beobachten über eine Webcam im Internet). Eine für die heutige Zeit vollkommen unvorstellbare Produktqualität. Irgendwann wurde deutlich, dass es sich für die Unternehmen nicht lohnt, die technische Qualität der Glühlampe immer weiter zu steigern, da dies automatisch den Absatz bremst. Und so wurden die Ingenieure angehalten, dafür zu sorgen, dass Glühlampen, die zu dem Zeitpunkt normalerweise 2.500 Stunden hielten, fortan nur noch 1.000 Stunden brannten. 1924 war die Geburtsstunde des >Glühlampenkartells< (>Phoebuskartell<). Führende Glühlampenhersteller wie z. B. Osram und Philips einigten sich darauf, den Weltmarkt unter sich aufzuteilen und die Leistung der Glühlampe absichtlich zu deckeln. Statt also wie bisher an der Verbesserung eines Produkts zu arbeiten, mussten Ingenieure nun für dessen Verschlechterung sorgen.

Vergleichbare Vorgänge finden sich in der Geschichte zuhauf. Beispielsweise bei der Nylonstrumpfhose. 1940 vom amerikanischen Konzern DuPont auf den Markt gebracht, war sie zunächst besonders langlebig. Dann wurde die Zusammensetzung der Strümpfe absichtlich Schritt für Schritt verschlechtert. Immer schneller kam es zu Laufmaschen und die Strumpfhose musste ersetzt werden. Ein anderes Beispiel sind moderne Tintenstrahldrucker. Sie verfügen über einen Chip, der ab einer bestimmten Seitenzahl den Drucker als ›defekt‹ einstuft. Im Normalfall wird der Drucker dann durch einen neuen ersetzt, da sich eine Reparatur finanziell selten lohnt bzw. vom Hersteller gar nicht angeboten wird. (Neuerdings verspricht ein kostenloses PC-Programm Abhilfe. Es setzt den Zähler im Chip zurück und der Drucker läuft, als wäre nichts geschehen.)

Auch wenn Konstruktionsfehler und -schwächen nicht immer absichtlich in Produkte eingebaut werden, so führt doch der permanente Preisdruck zu einer geringeren Haltbarkeit der Produkte. Die technische Qualität, aber auch die Qualität der Materialien und des Herstellungsprozesses leiden unter dem Zwang, in schneller Abfolge neue Modelle auf den Markt zu werfen.

All das hält aber den ganzen Wirtschaftskreislauf in Schwung und wird deshalb von den Verantwortlichen nicht ernsthaft bekämpft. Womit wir bei einem der wichtigsten Schmiermittel der Warenmaschinerie angekommen sind – der Reklame.

Reklame: Lügen und Verführen

> »Was wir uns zur Stillung welches Bedürfnisses kaufen müssen, gibt uns die massenmediale Werbung vor; die Werbung verstärkt unseren Glauben an die Wahrhaftigkeit der Waren als Glücks- und Identitätsbringer, insofern ist die Werbung eine große Fetischisierungsmaschinerie. Sie ist zwangsläufig unkritisch, sie zementiert unseren mythischen Glauben gegenüber der Warenwelt.« – *Christian Leder, »Sexy Ware: Wie aktuell ist Konsumkritik?«, soz:mag#2, 2002*

> »Werbung ist das am weitesten verbreitete und stärkste aller mentalen Umweltgifte.« – *Kalle Lasn, »Culture Jamming«, 2006*

Eine Sache vorweg: ›Werbung‹ ist nichts anderes als ein schönfärberischer Begriff für das gute alte Wort ›Reklame‹. ›Werbung‹ ist quasi selbst Reklame für Reklame – das Wort soll das Marktschreierische, das Aufdringliche der Reklame verschleiern und stattdessen angenehm, positiv und zurückhaltend wirken. Man *wirbt* ja auch um die Gunst eines Partners oder einer Partnerin. ›Werbung‹ ist also eine Art Neusprech, wie er in Politik und

Wirtschaft gängig ist – aus der bedrohlich klingenden ›Atomkraft‹ wurde irgendwann die ›Kernenergie‹, aus der ›Abwrackprämie‹ die weichgespülte ›Umweltprämie‹ usw.

Natürlich hören das diejenigen, die in der ultrahippen Werbewelt tätig sind, nicht so gern – sie halten sich lieber für die kreative Avantgarde, deren Arbeit gar einen bedeutsamen Beitrag zur Kultur leiste. Im Grunde bedeutet aber Reklame zu machen nichts anderes, als die eigene Kreativität für den Abverkauf von Waren von oft zweifelhaftem Nutzen herzugeben und mit der eigenen Arbeit potenzielle KundInnen möglichst geschickt hinters Licht zu führen. Siehe dazu auch Frédéric Beigbeders Roman »39,90«, der den Alltag in einer Werbeagentur in krasser (wenn auch überzeichneter) Form schildert.

Womit wir schon beim ersten der vielen negativen Punkte von Reklame sind – die Ressourcenverschwendung, die notwendigerweise mit der Marketingwelle einhergeht. Unzählige gut ausgebildete Menschen stecken Energie und Arbeitszeit in das Austüfteln von Slogans und die Gestaltung von Werbeclips. Das nenne ich eine Vergeudung von Ressourcen.

Reklame kostet auch Geld – nicht das der Konzerne, sondern unser aller Geld. Die Kosten für die Werbe- und Imagekampagnen werden schließlich über den Preis der Produkte wieder hereingeholt. Nicht zuletzt auch dann, wenn es einem Unternehmen gelingt, eine Marke mit entsprechendem Image zu etablieren, das höhere Verkaufspreise scheinbar rechtfertigt. Schätzungen gehen davon aus, dass inzwischen weltweit jedes Jahr die unfassbare Summe von über 400 Milliarden US$ (ca. 310 Milliarden Euro) für Marketing ausgegeben wird.

Das naheliegendste Ressourcenproblem ergibt sich bei der Herstellung der Werbeträger. Gigantische Rohstoffmengen werden jeden Tag eingesetzt, um Prospekte, Anzeigenblätter und Plakate oder irgendwelche Werbegimmicks zu produzieren – Reklamematerial, das oft genug ungelesen direkt in den Papierkorb wandert. Bereits ein Blick in den eigenen Briefkasten macht uns jeden Tag den Wahnsinn deutlich: bei den meisten von uns dürfte mehr Werbe- als eigentliche Post zu finden sein. Die Papier- und Plastikverschwendung ist gekoppelt an den

Einsatz von Chemikalien zur Kolorierung sowie an den für den Druck nötigen Energieverbrauch. Wieder andere Chemikalien werden dann benötigt, um im Recyclingprozess die Druckerfarbe aus den bunten Reklamezetteln herauszuwaschen. Außerdem müssen die Wurfsendungen transportiert werden, erst zu den VerbraucherInnen, dann zur Deponie. Diese Wege steigern denTreibstoffverbrauch, der ohne die Werbeflut deutlich sinken würde. Die Initiative »Mach's grün« hat durchgerechnet, was allein die deutsche Prospektflut alles verschlingt: 33 kg Postwurfsendungen erhält jedeR Deutsche durchschnittlich im Jahr. Das sind – zusammengerechnet – 2,7 Millionen gefällte Bäume. Die Produktion bedarf 1.157 Millionen kWh Strom, setzt 455.400 Tonnen CO_2 frei und führt zur Verschmutzung von 4,62 Milliarden Litern Wasser.

Nicht zu vergessen ist die Energieverschwendung für Werbetafeln und sonstige Leuchtreklame, die allerdings vermehrt AktivistInnen auf den Plan ruft, wie die französischen ›Clan du Néon‹, die nachts durch die Städte ziehen und Neonschilder einfach ausschalten. Nutzlos sind in der Regel auch die von vielen Firmen verteilten Werbegeschenke – meist billiger Plunder, der entweder sofort weggeschmissen wird, unbenutzt herumliegt oder nach wenigen Anwendungen kaputt geht. Allein hier ließe sich einiges an Rohstoffen etc. einsparen. Mal ganz abgesehen davon, dass Reklame zum Konsum animiert und somit den Rohstoffverbrauch generell ankurbelt...

Ach so, und wie sieht es eigentlich mit der Ressource Zeit aus? Die NordamerikanerInnen verbringen durchschnittlich fast eine Stunde am Tag damit, Reklame zu lesen, zu sehen oder zu hören, im Fernsehen, Radio, Kino, auf DVD, in Zeitungen und Zeitschriften, auf Websites, in E-Mails, Briefen oder am Telefon. Mit 75 Jahren wird er/sie erschreckende vier Jahre des Lebens auf die eine oder andere Weise mit Reklame verbracht haben (siehe Michael F. Jacobson, »Living in a Material World: Lessons on Commercialism, Consumption, and Environment«, Center for the Study of Commercialism, Washington, D.C.). Auch wenn wir in Deutschland noch ein ganzes Stück vom Ausmaß der Kommerzialisierung in den Vereinigten Staaten entfernt sind, geht die Entwicklung hierzulande doch in eine ähnliche Richtung.

Und die Liste der Schattenseiten der Werbewelt wird noch länger... Denn ähnlich schwerwiegend sind die Auswirkungen der subtilen Werbestrategien auf das Individuum. Unternehmen sorgen dafür, dass KundInnen die Produkte aufgrund des ›technischen‹ Verschleißes schneller austauschen als notwendig. Die gesamten Anstrengungen der Reklamebranche zielen jedoch auf eine Art ›ideellen‹ Verschleiß der Produkte. Trachten doch die Marketingabteilungen danach, durch das Forcieren von Trends und Moden, Produkte, die noch vor Kurzem als neu, toll und trendy galten, möglichst schnell als Schnee von gestern, out und uncool zu deklarieren. Wer sich mit einem Handy aus dem letzten Jahr im Freundeskreis unwohl fühlt, weil alle anderen wie selbstverständlich auf das neueste Modell umgestiegen sind, ist den Werbestrategien zum Opfer gefallen.

Die Werbeslogans und das ganze Erscheinungsbild der Reklame bekräftigen zudem gängige Geschlechterklischees und transportieren ein zum Teil stark verzerrtes Männer- und Frauenbild. Gerade jüngere Menschen sind anfällig für die in den Anzeigen zu sehenden unrealistischen Schönheitsideale und werden dadurch unzufriedener mit sich selbst und anderen. Hier wirkt das Gift der Reklame schleichend, aber dafür um so effektiver.

Ebenso festzustellen ist, dass in der Reklamewelt auffällig viel für ungesunde Lebens- und Genussmittel geworben wird – für Tabak, Alkohol, Fast Food, Süßigkeiten, klebrige Limonaden und Fertigprodukte. Der Tabakwerbung wurde in Deutschland zwar bereits ein Riegel vorgeschoben. Dennoch gibt es noch ausreichend andere Unternehmen, die einen gesundheitsschädlicher Lebensstil als erstrebens- und begehrenswert anpreisen.

Ein weiteres wesentliches Merkmal der Reklame besteht darin, dass sie es schafft (oder zumindest intensiv versucht), die Folgen der Produktion und des Konsums der Produkte zu vertuschen. Viele Waren, die mit edlen, aufwendigen Hochglanzprospekten beworben werden, gründen auf der Ausbeutung von Mensch und Natur. Dies soll man den Endprodukten selbstverständlich nicht ansehen, weswegen horrende Summen in die Außendarstellung investiert werden. Gerade Unternehmen, die mit ihrem Geschäft zu den größten Klimakillern und Umweltsündern gehören, betreiben das sogenannte Greenwashing (wörtlich ›grünwaschen‹) besonders intensiv – zum einen, um als Firma besser dazustehen, zum anderen aber auch, um gegen kritische Nachfragen gefeit zu sein. Dem Widerspruch zwischen Image eines Produktes und seiner realen Eigenschaften sind nicht nur Werbetreibende, sondern auch die KonsumentInnen ausgesetzt. Dass diese Produkte kaufen, deren Schädlichkeit sie zumindest ahnen, ist eine der grundlegenden Begleiterscheinungen des Konsumismus.

» Reklame [...] ist das praktizierte System des Zynismus.« – *Ludger Lütkehaus, »Reklame, die Pest der Kommerzgesellschaft«, 2000*

Wenn auch Reklame in der Regel nicht offen lügt, so täuscht sie doch die BetrachterInnen und lenkt ihre Aufmerksamkeit durch Betonen oder Aufblähen einiger weniger (positiver) und Weglassen der meisten wichtigen (negativen) Details. Von der Wahrheit ist sie also weit entfernt – man könnte sie auch als das Gegenteil von Information bezeichnen.

Einem besonders dramatischen Nachteil der Reklamewelt will ich zum Schluss noch nachgehen – und zwar der Beeinflussung der Inhalte und der Unabhängigkeit der Medien durch Werbetreibende und ihre Millionenbudgets. So führt die Tatsache, dass das finanzielle Überleben der meisten Sender, Zeitschriften etc. von den Werbeeinnahmen abhängt, logischerweise zu einer verringerten Kritikfähigkeit gegenüber den Firmen, die die verschiedenen Zeitschriften so großzügig mit Anzeigenaufträgen bedenken. Das, was dem werbefreien Greenpeace Magazin regelmäßig z.B. in seinem Lügendetektor gelingt, nämlich Reklamekampagnen der großen Konzerne kritisch zu hinterfragen und die dahinter liegenden Tatsachenverdrehungen und Beschönigungen offenzulegen oder zu persiflieren, würde man sich generell von allen Medien wünschen – und könnte man von einer wirklich freien, demokratischen Medienlandschaft auch erwarten. In der Realität schalten Umweltverschmutzer wie Vattenfall ganzseitige Imagekampagnen, die von den Redaktionen der Zeitungen oder Sender weder überprüft noch richtiggestellt werden. Es ist halt finanziell vorteilhafter, lieber mal eine dunkle Ecke nicht zu durchleuchten als einen Anzeigenkunden zu verprellen.

Das Zusammenspiel von Medien und Werbung

Betrachten wir zur Veranschaulichung der Problematik eine x-beliebige deutsche Fernsehzeitschrift – also eines jener bunten Heftchen, von denen in jedem Kiosk gefühlt ca. 20 konkurrierende Magazine ausliegen, leicht erkennbar an einer mit einem Bildbearbeitungsprogramm bis zur Unkenntlichkeit retuschierten leichtbekleideten Frau auf dem Titelbild, in der Regel ein sogenannter Star« oder »Promi«. Meiner Erfahrung nach enthält mindestens ein Drittel des Hefts für alle erkennbare Reklame. Aber wie sieht es auf den verbleibenden, vermeintlich redaktionellen Seiten aus? Im vorderen Teil wird über diverse Stars und ihre neuen Filme, CDs, Bücher etc. berichtet, was in der Regel eigentlich auch nur ein Anpreisen dieser Produkte ist – kritische Töne sind hier meist fehl am Platz. Dazu gibt es dann ›Nachrichten‹ aus den Bereichen Unterhaltungselektronik, Autos, Reisen – auch alles reine Konsumaufforderungen. Den Vogel schießen aber die Zeitschriften ab, die auf mindestens einer Doppelseite die LeserInnen über die beliebtesten Werbespots und Anzeigen abstimmen lassen und Making-ofs der neuesten Werbeclips mit Stars präsentieren – und das ganz im Stile von echten Nachrichten oder Ereignissen, über die man neutral zu berichten vorgibt. Dieses Schema ist nicht auf Fernsehzeitschriften beschränkt, sondern findet sich im Prinzip in allen Medien wieder, sei es nun im Printbereich, im Internet oder im Fernsehen.

Fernsehen: Kommerz ist Programm

Fernsehen ist im Grunde das perfekte Medium für unsere Konsumgesellschaft. Es spielt eine bedeutende Rolle bei der Konstruktion der eigenen Lebensrealität. Fernsehen lenkt vom Alltag ab und sediert die ZuschauerInnen, es macht träge und damit empfänglich für die Kaufbotschaften der Sender, die vorgeben, für mehr Spannung und Hochgefühl im Leben zu sorgen. Das Gefühl kennt sicherlich jeder, der schon mal eine Zeit lang wahllos durch das laufende TV-Programm gezappt hat: man wird zu lethargisch, um abzuschalten. Trotz der rasanten Entwicklung des Internets ist das Fernsehen für viele Menschen nach wie vor Informations- und Unterhaltungsquelle Nummer Eins. Tatsächlich schaute laut der Marktforschungsfirma Media Control jedeR Deutsche im Jahr 2011 im Durchschnitt 223 Minuten, also fast vier Stunden pro Tag in die Röhre; der höchste Durchschnittswert der deutschen Fernsehgeschichte! Verständlich, dass die Unternehmen und ihre Marketingabteilungen diese Aufmerksamkeit der Leute für ihre Zwecke zu nutzen versuchen.

Insbesondere die Geschichte der Privatsender ist die Geschichte der Kommerzialisierung des Fernsehprogramms. Waren früher Reklame und andere Sendungen und Nachrichten einigermaßen klar voneinander getrennt, so wurde diese Grenze nach und nach aufgeweicht. In der RTL-Sendung »Der Preis ist heiß« wurden in den 80er Jahren einzelne Produkte gezeigt, deren Preise von den KandidatInnen erraten werden mussten. Werbung wurde zum Inhalt der Show. Das war aber erst der Anfang – die folgenden Jahrzehnte sollten darin bestehen, diese Tendenz immer tiefer in der Programmplanung zu verankern. Dass solche Praktiken auch in den öffentlich-rechtlichen Sendern längst der Fall sind, hat zuletzt der ›Skandal‹ um die Gottschalk-Brüder und ihre Präsentation von Autos gewisser Marken in der Show »Wetten, dass...« deutlich gemacht.

So kann man den Bogen immer weiter spannen –Kommerz und Inhalt sind inzwischen so zusammengewachsen, dass man kaum noch sagen kann, ob eine Show eine unabhängige redaktionelle Bearbeitung erfuhr oder doch nur pure Reklame ist. Sendeformate wie »Deutschland sucht den Superstar« dienen im Grunde vor allem dazu, Plattenverkäufe zu generieren und für ein paar Monate SängerInnen nach oben zu spülen, damit man die Werbepausen in den Shows möglichst teuer verkaufen kann. Die »Cannes-Rolle«, die regelmäßig in die Kinos gebracht wird und, Zitat, »Werbung, die man gerne sieht« enthält, wird tatsächlich wie ein normaler Kinofilm gezeigt, obwohl es in den preisgekrönten Reklamefilmchen ausschließlich ums Formen eines Unternehmensimages und das Verkaufen von Produkten geht. Aber immerhin wird hier mit offenem Visier gekämpft, also nicht behauptet, dass es sich um journalistisch recherchierte Inhalte handelt.

Letztendlich hat diese Entwicklung dazu geführt, dass sich Filme, Fernsehshows, Musikvideos und Reklame in ihrer Erscheinung und Ästhetik immer weiter angleichen und in der Folge nicht nur ein normierter Geschmack entsteht, sondern die ZuschauerInnen immer weniger in der Lage sind, echte Informationen von bloßer marketinggetriebener Konsumanpreisung zu unterscheiden. Ausstattung und Dekoration der Studios, Styling der ModeratorInnen, Kameraführung, Schnitte, Musikuntermalung, all dies ist knallig und schillernd und soll eine maximale Coolness transportieren, um die werberelevante Zielgruppe der 14- bis 49-Jährigen vor dem Bildschirm zu halten. Nachrichtensendungen heißen inzwischen ›News‹ und müssen möglichst unterhaltsam und dramatisch daherkommen. Letztlich existierten die kommerziellen Sender nicht, um irgendwelche Inhalte zu transportieren, sondern nur um der Reklame ein geeignetes Umfeld zu bieten und die Gewinne der Medienhäuser zu sichern.

An einer erfolgreichen Sendung wie » *Germany's Next Topmodel* « (GNTM) kann man erkennen, wie die Verschmelzung von Unterhaltung und Konsumismus mustergültig vonstattengeht. Da wäre zum einen das generelle Konzept der Show– junge Frauen müssen sich so präsentieren, dass sie das Wohlwollen der Jury auf sich ziehen und für zukünftige Verkaufsstrategien verwertbar erscheinen. Der Mensch als Ware, der zum Verkauf von anderen Waren benutzt wird, ist also etwas, das im Rahmen dieser Fernsehkultur als höchstes und erstrebenswertes Ziel angesehen wird.

Und auch GNTM an sich ist durchzogen von kommerziellen Botschaften, von mal offen, mal versteckt gezeigten Produkten, von gesponserten Gewinnspielen etc. Die psychischen Auswirkungen des regelmäßigen Konsums dieser Art Castingshows hat eine Studie des Internationalen Zentralinstituts für das Jugend- und Bildungsfernsehen (IZI) des Bayerischen Rundfunks publik gemacht. Die Kinder und Jugendlichen zwischen neun und 21 Jahren waren überdurchschnittlich häufig unzufrieden mit ihrem

Körper und fühlten sich motiviert, aktiv ihr Gewicht zu verrin-
gern. Auch sonst sind die Einflüsse der TV-Stars auf jugendliche
Fans eher schädlich, wie Bernd Gäbler in seiner aktuellen Studie
»Hohle Idole« herausfand – in den Shows werde Selbstdarstel-
lung, Gehorsam, ja Unterwerfung gefeiert und Eigensinn oder
Teamgeist abgestraft.

Public Relations, Product Placement und Advertorials: Gekaufte Wahrheiten

Das Prinzip, die eigene Berichterstattung auf Anzeigenkunden
zuzuschneiden, ist mehr oder weniger ausgeprägt bei allen rekla-
mefinanzierten Medien anzutreffen. So wurde im ZDF-Fernseh-
magazin Frontal 21 die Zusammenarbeit von Zeitschriften mit
der Pharmalobby aufgedeckt. Die Redaktionen von Vanity Fair,
Glamour, Vogue und auch denen des Bauer-Verlags (Tina, Neue
Post, TV Movie oder Fernsehwoche) stellten einer fiktiven (von
den AutorInnen des Beitrags erfundenen) Pharmafirma einen po-
sitiven Beitrag zum neuen Antidepressivum xyz in Aussicht. Und
das, obwohl man in der EU für rezeptpflichtige Medikamente
nicht werben darf! Vogue schlug der Scheinfirma beispielsweise
vor:

> »Durch O-Töne von Experten (Mediziner, Forscher) und zusätzli-
> che Tipps wird die Leserin optimal mit der Thematik vertraut. Die
> Seiten werden im Vogue-typischen Redaktionsstil getextet und sind
> damit perfekt auf die Vogue-Leserschaft zugeschnitten.«

Mit anderen Worten: durch die kommerziellen Interessen der
Unternehmen vermengen sich Informationen, PR und Reklame
so weit, dass man eigentlich einen Großteil der Berichte auf ihre
Objektivität hin prüfen müsste. *Advertorials* heißen diese neuen
Mischformen aus Marketing und (vorgetäuschtem) redaktionel-
len Inhalt.

> »Sogenannte Advertorials ahmen gestalterisch die Anmutung des
> journalistischen Angebots nach, sind aber in Wirklichkeit bezahlte
> Werbung, die sich mittlerweile selbst in seriösen Tageszeitungen
> findet. Meistens steht etwas verschämt ›Sonderthema‹ oder ›Ver-
> lagsbeilage‹ darüber, manchmal auch ›Extra‹. Aber was sagt das

Advertorials sind nur eine, leider recht schwer zu erkennende, Form der Einflussnahme auf die Medieninhalte. Eine weitere, schon seit Längerem bekannte Methode ist das sogenannte *Product Placement*, also das unauffällige Platzieren von Produkten in z.B. Filmen oder Fernsehproduktionen. Zufällig fährt der Held des Films das neueste Auto einer bestimmten Marke. Ebenso zufällig wird bei einer Kamerafahrt durch ein Lokal die Flasche eines gewissen Softdrinks gezeigt. Und zufällig wird in Dialogen eine gewisse (z.B. politische) Meinung ins rechte Licht gerückt. Natürlich geschieht all dies *nicht* zufällig, sondern es ist im Vorfeld viel Geld geflossen, wovon die ZuschauerInnen aber meist nichts erfahren. Diese Schleichwerbung gibt es nicht nur im Privatfernsehen – die *Initiative Neue Soziale Marktwirtschaft* (INSM, eine neoliberale Denkfabrik) zahlte der ARD 2002 fast 60.000 € dafür, die Dialoge von sieben Folgen der Vorabendserie »Marienhof« so umzuschreiben, dass z.B. die Lockerung des Kündigungsschutzes möglichst positiv dargestellt wird (die Flexibilisierung des Arbeitsmarktes ist eines der Kernanliegen der INSM).

Die Grenzen zur folgenden Methode sind fließend – den Begriff *Public Relations (PR)* hat sicher jeder schon mal gehört. Die dahinterstehende Idee ist zunächst einmal vollkommen einleuchtend. Es geht darum, die Kommunikation zwischen Unternehmen, PolitikerInnen oder sonstigen Personen oder Gruppen des öffentlichen Lebens mit den Medien und der Öffentlichkeit zu professionalisieren. Anders formuliert: die Außendarstellung soll gelenkt werden, und zwar dahingehend, dass ein positives Bild entsteht und diese Meinungsbeeinflussung nicht auffällt. Eine ganze, sehr einflussreiche Industrie hat sich auf das Retuschieren und Aufhübschen der Wahrheit spezialisiert. Im schlimmsten Fall machen die großen PR-Agenturen wie Burson-Marsteller Stimmung für bedenkliche Konzerne, für Umweltzerstörung, krebserzeugende Chemikalien und sogar Diktatoren. Anders als bei offener Reklame passiert hier vieles im Verborgenen – die AuftraggeberInnen bleiben für die BürgerInnen unsichtbar, die PR-Unternehmen selbst in der Regel auch. Um die Ziele zu erreichen, werden u. a. AktivistInnengruppen unterwandert, BürgerInnen- oder Umweltproteste initiiert, ExpertInnen und PolitikerInnen gekauft, Pressemeldungen beschönigt und KritikerInnen mundtot gemacht.

Darüber hinaus produzieren PR-Unternehmen eigene Beiträge für ihre Kundschaft. Teils sind es fertig geschnittene Filme, vermeintliche Nachrichten, bei denen es sich eigentlich nur um Pressemitteilungen der Firmen handelt, die kostenlos an die Medien weitergeben werden. Und die Sender und Redaktionen greifen freudig und begeistert zu – kritische journalistische Recherche findet in solchen Fällen kaum mehr statt, sodass die Sender zu reinen Verlautbarungsstationen der Konzerne verkommen. Wer beispielsweise hierzulande den ›Nachrichtenkanal‹ N24 einschaltet, wird rund um die Uhr mit Militärdokus über die Nutzbarkeit von Seeminen, die neuesten U-Boote und sonstige Waffen- und Militärtechnik versorgt. Da fragt man sich dann schon, wer diese als Sachbeitrag getarnte Militärpropaganda eigentlich finanziert und produziert hat ...

Markenfetischismus: der markierte Mensch

»Es ist dumm, Geld für Nike-Klamotten auszugeben. Das Zeichen für einen Verrückten. Wer das tut, ist lediglich von den Millionen Dollar teuren Werbekampagnen hinters Licht geführt worden. Nike zu kaufen, deutet auf das Wesen eines Schafs und einen Mangel an Vorstellungskraft und Stil hin.« – *Tom Hodgkinson, in: Neil Boorman, »Good bye, Logo«, 2007*

Marken sind aus der heutigen Zeit nicht mehr wegzudenken. Sie begegnen uns praktisch jeden Tag auf Schritt und Tritt. Sie gelten als Gradmesser der eigenen Coolness – wer die ›richtigen‹ Marken trägt, zeigt sich auf der Höhe der Zeit und drückt damit seine Persönlichkeit aus. So jedenfalls wollen es die Marketingabteilungen, die mit aller Macht an der Etablierung dieses Images arbeiten.

Aus Sicht eines Unternehmens ist das Kreieren von Marken eindeutig sinnvoll und vor allem lukrativ – eine Erkenntnis, die man auch schon früh im Betriebswirtschaftsstudium mit auf den Weg bekommt. Sinngemäß heißt es in einem BWL-Standardwerk (»Marketing-Management« von Kotler/Bliemel, C.E. Poeschel, 1992):

1. Ein Markenname ermöglicht es einem Unternehmen, das Produkt rechtlich zu schützen.
2. Eine Marke erleichtert es einem Unternehmen, einen treue Kundenstamm aufzubauen und erhöht den Wiedererkennungswert.
3. Zudem kann eine Firma ähnliche Produkte unter verschiedenen Marken anbieten und so unterschiedliche Gruppen von KundInnen ansprechen.
4. Insbesondere ermöglichen Marken, höhere Preise zu verlangen, weil KundInnen einem Produkt zusätzlich zur tatsächlichen noch eine imaginäre Qualität zusprechen, die durch Reklame & Co. erzeugt und transportiert wird.

Dieses Markenprinzip funktioniert nicht nur im Massenmarkt, sondern wirkt auch in subkulturellen Szenen. Wann immer ein bestimmter Hersteller oder eine Marke bei einer Gruppe von Menschen ein besonderes Image gewonnen hat und deshalb als eine Art Erkennungsmerkmal bzw. aus Gründen der Abgrenzung zu anderen Gruppen gekauft und getragen wird, war der Mechanismus der Markenbildung wieder erfolgreich. Beim Kauf der ›passenden‹ Marken geht es im Grunde um das Ausleben eines vermeintlichen Individualismus nebst Zugehörigkeit zu einer Community. »Viele Marken nehmen für sich in Anspruch, Teil einer Rebellion gegen das Establishment zu sein«, wie Alexander Meschnig es so treffend in seinem Buch »Markenmacht« (Europäische Verlagsanstalt, 2002) ausdrückt.

Die Paradoxie dieser Handlungsweise tritt für jeden deutlich zu Tage – Individualität soll heißen, man kauft Produkte, die in Millionenauflage hergestellt und weltweit von ebenso vielen anderen Menschen konsumiert werden. Wer schon einmal Monty Pythons »Das Leben des Brian« gesehen hat, wird sich vielleicht auch an die schöne Szene erinnern, in der Brian (der von den Menschen als Heiland verehrt wird) auf einen Balkon tritt und der jubelnden Menge zuruft: »Ihr seid alle völlig verschieden!« Woraufhin diese im Chor antwortet: »Ja, wir sind alle völlig verschieden.« Nur eine Person schreit »Ich nicht!« dazwischen, wird aber sofort von den Umstehenden zum Schweigen gebracht. Dies bringt die Widersinnigkeit der Botschaften, die uns Medien und Werbetreibende tagtäglich vermitteln wollen, gut auf den Punkt.

An dieser Stelle wird auch klar, dass Konformität und Konsum eng miteinander verwoben sind, und Werbeaussagen, in denen Marken (individuelle) Freiheit versprechen, diesen Zusammenhang lediglich zu vernebeln versuchen. Vielleicht eines der besten Beispiele hierfür ist der amerikanische Computer- und Elektronikkonzern Apple. Einige von euch werden sich vielleicht noch daran erinnern, dass Apple in den 1990er Jahren mit dem Slogan »Think different« (»Denk anders«) geworben hat. In der Reklame wurden herausragende Persönlichkeiten der Geschichte wie Einstein oder Gandhi zitiert, die wirklich ganz besonders und in ihrer Art individuell waren. Die beabsichtigte Aussage liegt auf der Hand – wer einen Apple-Rechner kauft, ist ein Freigeist und ein Querdenker. Ein Blick in die Neuzeit macht die ganze Hohlheit dieser Kampagne deutlich: Bringt Apple ein neues Modell seines iPhones heraus, campieren Fans schon in der Nacht vor den Geschäften, um als eine/r der Ersten das Produkt in den Händen halten zu können. Menschenmassen schlagen sich um das neueste Modell eines Handys – sieht so wirklich Individualität und Querdenkertum aus? Wohl kaum. Denn solche Eigenschaften lassen sich nun mal nicht kaufen, genauso wenig wie Freiheit oder Glück. Frank Müller beschreibt das in seinem lesenswerten Artikel »*Mumpitz Marke*« von 2005 so:

> »Anstatt Erlösung in der Marke zu suchen, wäre die Einsicht am Platz, dass Marken nicht heilig, sondern scheinheilig sind. Denn die auf Hochglanz polierten Marken-Images beruhen weniger auf dem objektiven Produktnutzen als auf dem Einfallsreichtum hoch bezahlter Werbestrategen und Marketing-Fachleute.«

Das Phänomen, dass ein Mensch umso unzufriedener wird, je mehr er oder sie konsumiert, bezeichnen US-amerikanische ForscherInnen als ›The Consumer Paradox‹. Hierzu gibt es bereits Studien beispielsweise von den US-Universitäten von Illinois und Minnesota. Auch der britische Professor Richard Layard von der London School of Economics bezweifelt die verbreitete Annahme in der Ökonomie, dass Einkommen ein Maß für Glück sei. Studien deuten darauf hin, dass ein Hang zum Materiellen nicht nur mit einem schwach ausgeprägten Selbstwertgefühl korreliert, sondern sogar ursächlich für die geringe Eigenwertschätzung sein kann. Auf der anderen Seite konnte beobachtet werden, dass das Selbstwertgefühl einer Person steigt, wenn sie sich weniger von Materiellem abhängig macht.

Eigentlich trifft es Neil Boorman in seinem Buch »*Good-bye, Logo*« ganz gut, wenn er schreibt: » Die Weigerung, sich zu einer Marke zu machen, ist zweifellos auch das Zeichen für einen Individualisten.« Boorman schildert auf eine spannende und amüsante Art, wie er aus der Markenumklammerung ausbricht und damit kämpft, sich ohne Markenprodukte zu versorgen. Ihm und den LeserInnen wird schnell klar, wie schwierig es mittlerweile geworden ist, der Allgegenwart der großen Konzerne zu entkommen. So wird die Suche nach markenfreien Produkten zur echten Odyssee, selbst in der Metropole London.

Der Markenfetischismus übt vor allem auf Kinder und Jugendliche Druck aus – wer nicht mit den angesagten Produkten ausgestattet ist, läuft schnell Gefahr, abseits zu stehen und verspottet zu werden. Aus Sicht der Unternehmen ist dies eine ausgesprochen erfreuliche Situation, denn nun müssen sich auch Leute mit ihren Marken eindecken, für die sie sich sonst nicht interessieren würden oder die sie sich eigentlich nicht leisten können.

Wie schon erwähnt kosten Markenprodukte in der Regel mehr Geld, so dass jene, die auf dem neusten Stand sein wollen, die eigenen Finanzen (unnötigerweise) ordentlich strapazieren müssen. Was dann zum Phänomen des *Smart Shoppers* führt, den Schnäppchenjägern, die mit ihrem SUV zum Discounter fahren, um bei den Lebensmitteln ein paar Euro zu sparen, die sie an anderer Stelle in Markenprodukte investieren. Die Konzerne – Nike ist da nur eins von vielen Beispielen – besitzen oftmals gar keine eigenen Produktionsstätten mehr. Ihr Geschäft besteht, überspitzt formuliert, nur noch im ›Markieren‹ von Produkten und dem Pflegen des Markenimages mithilfe von Reklamekampagnen, Sponsoring u. ä.

Unbestreitbar verwässern der Markenkult und unsere Konsumkultur Unterschiede und kulturelle Vielfalt. Denn für weltweite Märkte brauchen die Konzerne am besten weltweite (genormte) Geschmäcker. In vielen Regionen der Erde gilt der westliche Lebensstil als Ideal, dem man nacheifern muss – und wie könnte man das besser als durch den Erwerb der ›coolen‹ Produkte, die in Film und Fernsehen zu sehen sind? Frank Müller berichtet, dass in Indien und Afrika Menschen säurehaltige Hautaufheller kaufen, um den Weißen in den Medien ähnlicher zu sehen. Das ist letztlich bezeichnend für das Einebnen kultureller, lokaler, individueller Unterschiede, das mit dem kapitalistischen Wirtschaften einhergeht und in den globalen Marken seinen offensichtlichsten Ausdruck findet.

4. Die KonsumentInnen wachen auf

Das ganze Konsum-, Marken- und Warensystem, das ich auf den vergangenen Seiten geschildert habe, wurde viele Jahrzehnte lang von den meisten Menschen relativ klaglos hingenommen. Konzernen und ihren Marken wurde vertraut, Medieninhalte – also vermeintlich vertrauenswürdige Informationen – und Reklame schienen klar voneinander getrennte Bereiche zu sein, und die Folgen der eigenen Konsumwut konnte man in der Regel ganz gut verdrängen. Zumal auch vonseiten der Politik stets zum fleißigen Konsumieren aufgerufen wurde (man denke nur an die Jubelmeldungen über die Verkaufszahlen zu Weihnachten) und Wirtschaftswachstum nach wie vor als eins der wichtigsten Ziele einer jeden Regierung gilt.

Inzwischen hat die Hochglanzoberfläche der schönen neuen Konsumwelt aber immer größere Risse bekommen und es fällt zunehmend schwer, die vielen Nachteile auszublenden oder zu leugnen. Immer mehr Menschen werden sich darüber bewusst, dass ihr Kaufverhalten keineswegs nur eine private Angelegenheit ist, sondern globale Auswirkungen hat, die langfristig wiederum ihr eigenes Leben und das ihrer Kinder negativ beeinflussen. Marketingstrategien und der Einfluss der Medien werden ebenfalls vermehrt hinterfragt, auch wenn sich eine kritische Gegenöffentlichkeit, zum Beispiel mithilfe alternativer Websites im Internet, erst noch stärker herausbilden muss.

In drei Varianten tritt das sich wandelnde individuelle Konsumverhalten vor allem auf: als sogenannter politischer Konsum, bei dem es letztlich darum geht, seinen Einkaufswagen mit nachhaltigeren Produkten zu bestücken. Dann als Konsumverzicht, d.h. durch verminderte Einkaufsmengen und das Befreien des Alltags von Dingen. Und schließlich gibt es verschiedene Bestrebungen, dem kapitalistischen Prinzip von ›Ware gegen Geld‹ entgegenzutreten und z.B. zu tauschen oder zu leihen.

Politischer, nachhaltiger, strategischer Konsum: LOHAS & Co.

Alternativen Konsum gibt es natürlich nicht erst seit heute – die Öko-Bewegung der 1970er und 80er Jahre war politisch motiviert und vermied die Marken und Vertriebsstrukturen der in der Kritik stehenden Großkonzerne. Stattdessen versorgte man sich mit zum Teil regionalen, aber auf jeden Fall natürlicher hergestellten Produkten, die in unscheinbaren Läden verkauft wurden. Mehr als eine kleine Nische konnte diese Bewegung allerdings nicht besetzen, das Gros der Bevölkerung konsumierte weiterhin bedenkenlos, was in Medien und Shoppingcentern angepriesen wurde.

Seitdem hat sich viel getan. Bio ist in aller Munde, es ist zu einem echten Trend geworden. Der Begriff Nachhaltigkeit taucht immer öfter in Unternehmensprofilen auf und KundInnen versuchen durch eine Veränderung ihres Konsumverhaltens der eigenen Gesundheit und der Umwelt Gutes zu tun.

Wieso nun aber ›politischer Konsum‹? Nun, der Grundgedanke ist, dass jede Entscheidung, die die KonsumentInnen beim Einkaufen treffen, auch eine politische Dimension hat, da man mit dem eigenen Geld gewisse Geschäftsmodelle und -praktiken unterstützt. Es ist erstaunlich, wie sehr sich manche Leute den Kopf zerbrechen und die Köpfe heißreden können, wenn es um tages- und parteipolitische Ereignisse geht. Dabei hat der oder die Einzelne mit dem Kreuzchen, das alle vier Jahre auf dem Wahlzettel gemacht werden darf, doch de facto nur minimale Einflussmöglichkeiten auf den Lauf der Dinge. Gleichzeitig aber wird Tag für Tag gedankenlos Geld auch jenen Unternehmen zugeschoben, die sich in der Praxis für das einsetzen, was man selbst als WählerIn ablehnt, seien es nun Dumpinglöhne, Umweltzerstörung oder das Korrumpieren von PolitikerInnen.

›Nachhaltig‹ soll Konsum dann sein, wenn Produkte gekauft werden, die die Umwelt weniger belasten oder die, wie Fairtrade-Waren, den ArbeiterInnen gerechte Löhne und eine anständige Behandlung versprechen. Der Umwelt- und Sozialaspekt steht also im Vordergrund.

Ein anderer Begriff, der einem in der Debatte häufig begegnet, ist der des ›strategischen Konsums‹. Der Grundgedanke ist so einfach wie einleuchtend – jedenfalls dann, wenn man sich vollkommen auf die Marktlogik des Kapitalismus einlässt. Die KundInnen fragen vermehrt ökologisch hergestellte Waren nach, was dazu führt, dass die Unternehmen aus Gründen der Kundenbindung und Gewinnmaximierung vermehrt ihre Produktion so umstellen, dass die Nachfrage befriedigt werden kann. Einfach formuliert: Wenn nur genügend Menschen Bioprodukte im Supermarkt kaufen, wird dieser die anderen Waren nach und nach aus dem Sortiment nehmen. Wenn also Nestlés fair produzierte Produkte reißenden Absatz fänden, würde sich der Konzern ganz automatisch für soziale Standards einsetzen. In der Theorie.

Für all diese Strategien hat die findige Marketingbranche sogleich einen passenden Begriff geprägt: LOHAS. Diese Abkürzung steht für *Lifestyle of Health and Sustainability*, einen gesunden und nachhaltigen Lebensstil. Logischerweise ist damit auch ein neues Marktsegment entstanden – KundInnen, die bereit sind, mehr Geld für Produkte auszugeben, die entweder gesünder sind oder ökologisch weniger Schaden anrichten. Dies ist ein höchst lukrativer Markt, in dem sich für die Großunternehmen noch mehr Geld abschöpfen lässt, wenn man es böse formulieren will.

Die Grundidee der Weltverbesserung durch den Wandel des Konsumverhaltens ist aber auch gar zu verlockend – lässt sich also durch eine bloße Umschichtung im Warenkorb tatsächlich die Welt retten oder doch zumindest verbessern? Teils, teils, würde ich sagen. Kathrin Hartmann schreibt dazu in ihrem Artikel »Korrekte Konsumenten« (Süddeutsche Zeitung, 28.12.2009):

> »Die Lohas-Anhänger glauben, privater Konsum sei politisch. Doch bleibt alles, wie es ist. Selbst wenn noch so viele Fischstäbchen gekauft werden, mit denen man Meeresschutzprojekten hilft, noch so viel Industriekäse, mit dem man Suppenküchen unterstützt, und noch so viele Autos, für die der Autohändler Bäume pflanzen lässt. Denn all das ist letztlich affirmativ und systemkonform.«

Auch ich sehe durchaus die Gefahr, dass viele Menschen meinen, mit dem Kauf eines Fairtrade-Kaffees hätten sie dann schon genug getan und könnten ansonsten so weiterleben wie bisher – politisches Einmischen oder soziales Engagement müssen dann nicht mehr sein. Genauso wie die Unterstützung von Umweltschutzprojekten durch Unternehmen widersinnig ist, deren Produkte letztlich verantwortlich für die Zerstörung der Umwelt sind. Das Denken im Marktsystem reicht also nicht aus, um grundlegende Änderungen herbeizuführen. Aber selbst wenn es kein »richtiges Einkaufen im falschen Wirtschaftssystem« gibt, wie Hartmann schreibt, so gibt es meines Erachtens dennoch ein ›falsches Einkaufen‹. Denn jeder Euro, den ein Großkonzern gewinnt, wird die Zerstörung der Umwelt vorantreiben und bedenkliche Strukturen festigen. Von daher halte ich es nicht für verwerflich, sondern für dringend geboten, wenn man auch beim Konsum umzudenken beginnt und mit seinem Geld beispielsweise alternative Strukturen und Produktionsformen unterstützt.

Konsumverzicht: LOVOS & MinimalistInnen

Einen deutlich radikaleren Ansatz verfolgen diejenigen, die ihren Konsum nicht nur etwas begrünen, sondern beginnen, aus dem Hamsterrad auszusteigen, weniger zu kaufen und insgesamt einfacher zu leben (was in der Regel in Kombination mit nachhaltigerem Konsum geschieht). Dies ist oft verbunden mit einem Bewusstseinswandel, der spätestens dann einsetzt, wenn die Konsumwelt mit ihren bunten Reklameimages in den Hintergrund tritt und die Kaufbotschaften nach und nach verblassen. Wer sich darüber klar wird, wie sehr Dinge, Gegenstände, Produkte den Alltag dominieren und unser aller Leben belasten können, beginnt, anders über das ganze System, über seine Mitmenschen und die Umwelt zu denken.

Die bewusste Abkehr vom Materialismus und die Hinwendung zu einem einfachen Leben ist in der Menschheitsgeschichte seit vielen Jahrhunderten immer wieder anzutreffen. Der griechische Philosoph Platon wie auch andere Denker der Antike, wie die Kyniker (Diogenes), gaben dem Aufbau einer inneren Welt Vorrang vor dem Anhäufen äußerer Güter. Eine Enthaltsamkeit aus spirituellen oder religiösen Gründen (auch als Askese bekannt), wie sie beispielsweise Mönche praktizieren, ist zudem seit jeher Teil vieler Religionen.

Die US-amerikanischen Schriftsteller Henry David Thoreau (»Walden oder Leben in den Wäldern«) und Ralph Waldo Emerson (»Natur«) schufen um 1845 mit ihren Werken die Grundlage für eine bis heute andauernde Tendenz mancher Subkulturen, im ›Zurück zur Natur‹ einen Ausweg aus der Leere des modernen KonsumentInnendaseins zu sehen.

In der heutigen Zeit werden diese Menschen von der Marketingbranche, passend zu den LOHAS, als LOVOS bezeichnet – *Lifestyle of Voluntary Simplicity*, d. h. ein Lebensstil der freiwilligen Einfachheit. Im Grunde sind Konsumverweigerer das Schreckensbild für unser Wirtschaftssystem, denn sie kaufen weniger, lassen sich weniger auf mediale Berieselung ein und machen sich zum Teil durch Selbstversorgung autark. Das ganze Arsenal an ausgefeilten Methoden, das die Unternehmen entwickelt haben, um die BürgerInnen zum Kaufen, Verbrauchen und Verschwenden zu bewegen, greift hier plötzlich ins Leere.

Wer sich ein wenig mit der Literatur zum einfachen Leben beschäftigt, dem werden früher oder später vermutlich auch die Begriffe Minimalismus und das englische Downshifting (›Runterschalten‹) begegnen. Gerade die MinimalistInnen werden aktuell hin und wieder in den Medien thematisiert, da sie sich in ihrer Abkehr von den üblichen Besitzbergen besonders stark vom Durchschnittsmenschen unterscheiden. Es ist durchaus nicht unüblich, dass Menschen mit nur einer Handvoll persönlicher Dinge auskommen und den Rest bei Bedarf z.B. leihen. Dadurch versuchen sie, ein Höchstmaß an individueller Freiheit zu bewahren. Dieser Lebensstil kann dann auch einhergehen mit einer Reduzierung des Arbeitspensums, da man einfach weniger Geld zum Leben benötigt und die Arbeitsbelastung und Überhäufung mit (auch persönlichen) Terminen vermeiden will. Die Entschleunigung und Entrümpelung des Lebens ist damit ein krasser Gegenentwurf zum konsumgesättigten, auf maximalen Erlebnisreichtum getrimmten modernen Menschen.

Ein Extremfall, der von den Medien ebenfalls gerne bestaunt wird, ist das Leben ganz ohne Geld. Es erfordert sehr viel Mut und auch Disziplin, sich solcherart komplett vom Warenwirtschaftskreislauf abzukoppeln. Aber es ist tatsächlich möglich, wie das bekannte Beispiel von Heidemarie Schwermer zeigt. Sie wollte zunächst im Selbstversuch ausprobieren, ob es möglich ist, zwölf Monate ohne Besitz und Geld zu leben (dokumentiert in »Das Sterntalerexperiment«, Goldmann, 2003) – doch nach Ablauf der Zeit ist sie dabei geblieben und fühlt sich seitdem glücklicher und freier als zuvor. Was sie benötigt, ertauscht sie sich oder sie bietet verschiedene Dienstleistungen im Tausch mit Essen oder einem Schlafplatz an. Aus diesem Geben und Nehmen erwuchs ein völlig neues Lebensverständnis.

Natürlich ist mir klar, dass die extrem minimalistischen Lebensweisen nicht so einfach und nicht für jeden umsetzbar sind – bei Familien mit kleineren Kindern wird es beispielsweise schwierig. Aber im Grunde können und sollten wir alle etwas davon in unseren Alltag übernehmen – denn weniger ist gerade im Bereich des Konsums tatsächlich mehr!

Vegetarismus & Veganismus

Ich habe bei der Konzeption dieses Buches zuerst ein wenig gezögert, ob ich dem Vegetarismus und Veganismus ein eigenes Unterkapitel widmen sollte. Da die Entscheidung gegen Fleisch und tierische Produkte aber ganz eindeutig in den Konsumbereich fällt und irgendwo zwischen politischem Konsum und Konsumverzicht einzuordnen ist, möchte ich doch näher darauf eingehen. Nicht zuletzt durch den Erfolg von Büchern wie »Tiere essen« von Jonathan Safran Foer ist der Verzicht auf Fleisch in unserer Gesellschaft auf dem Vormarsch. Man könnte es als einen veritablen, nicht mehr ganz so neuen Trend bezeichnen.

Menschen haben vor allem drei Gründe, sich von dem bei uns immer noch üblichen Ernährungsmuster des Fleischessens abzuwenden:
1. moralische
2. ökologische
3. gesundheitliche

Über jeden dieser drei Beweggründe lassen sich natürlich komplette Bücher schreiben, deshalb sind meine folgenden Ausführungen nur als Andeutung der Thematik zu verstehen.

Bei den moralischen Bedenken stellt sich für jeden die Frage, inwieweit es ethisch vertretbar ist, andere hochentwickelte Lebewesen zu töten, um sie anschließend zu essen. Letztlich ist das etwas, was jeder für sich selbst entscheiden muss – da der Mensch aber heutzutage kein Fleisch zum Überleben benötigt, geht es letztlich vor allem um Gewohnheit und (vermeintlichen) Genuss. Wer einmal die furchtbaren und entwürdigenden Bilder aus den Massentierhaltungsanlagen gesehen hat oder Szenen aus Schlachthäusern und Viehtransporten kennt, kann und sollte als empathisches Wesen durchaus ins Grübeln kommen, ob die in der Pause mal eben schnell reingeschobene Bratwurst wirklich sein muss.

Auch ökologische Bedenken sprechen für Fleischverzicht. Es lohnt sich, einmal genauer hinzuschauen, wie Fleisch generell produziert wird. Es ist ja nicht so, dass man Tiere einfach auf eine Wiese stellt und dann nach ein paar Monaten einige Tonnen Fleisch erhält. Es müssen Unmengen von Wasser verbraucht und verschmutzt werden. Es wird eine gewaltige Energiemenge eingesetzt (für Beleuchtung, Heizung, Förder- und Melkanlagen etc.). Außerdem wird viel Futter benötigt – Futter, für das oft genug in anderen Teilen der Welt Wald gerodet werden muss, damit dort in Monokulturen z.B. Soja (häufig genmanipuliert) angepflanzt werden kann. Um ein Kilogramm Fleisch zu produzieren, werden beispielsweise 16 kg Getreide und bis zu 10.000 Liter Wasser verbraucht. Nicht zuletzt werden bei der Tierhaltung Treibhausgase wie Methan, Lachgas und Kohlendioxid freigesetzt, die zur Erderwärmung beitragen. Bei Licht betrachtet, ist Fleisch also ein extrem ineffizient hergestelltes, unvernünftiges Lebensmittel.

Der gesundheitliche Aspekt ist immer wieder umstritten – es gibt viele Studien, die belegen, dass Fleisch vor allem in größeren Mengen schlichtweg ungesund ist und z. B. das Krebsrisiko steigert. Wieder andere Studien zeigen, dass ein vegetarischer oder veganer Lebensstil mit Mangelerscheinungen verbunden sein kann. In diesem Fall gilt es, sich ausgewogen zu ernähren. Dann lebt man ohne Fleisch sicherlich gesünder; besonders wenn man auf Industriefleisch verzichtet, da dieses oft genug mit Antibiotika, Stresshormonen u.ä. belastet ist.

Leider sind tierische Inhaltsstoffe in sehr vielen industriellen Lebensmitteln enthalten. Vegan zu leben, also ganz auf tierische Produkte zu verzichten (das umfasst dann auch Eier, Milchprodukte, Honig und Lederwaren), ist mit etwas Übung und einer gewissen Wachsamkeit verbunden.

Wer noch mehr wissen will, dem kann ich den kostenlos als PDF erhältlichen »Fleischatlas« der Heinrich Böll Stiftung empfehlen, der Daten und Fakten über Tiere als Nahrungsmittel enthält (www.boell.de/downloads/2013-01-Fleischatlas.pdf).

Alternativen zum Kauf- und Wegwerfwahn

Es gibt mittlerweile eine Vielzahl verschiedener Ansätze und Versuche, die herrschende Marktlogik zu durchbrechen. Ansätze, die zum Teil auch das Konzept aufweichen, alles selbst besitzen zu wollen, und damit den Idealen der Konsumgesellschaft diametral entgegenstehen. Der Begriff »Shareconomy« steht für eine neue Form des Wirtschaftens, die dem Teilen und Tauschen Vorschub leistet. Der Kreativität sind keine Grenzen gesetzt – deshalb kann die folgende Aufzählung von Initiativen und Ideen für einen alternativen Konsum auch nicht vollständig sein. Ich möchte euch dennoch einen Querschnitt der besonders vielversprechenden Projekte in diesem Bereich liefern.

Reparaturcafés

Eine Idee, die aus den Niederlanden nun auch zu uns kommt und die dem Wegwerfwahn entgegentritt. In offenen Werkstätten treffen sich Menschen, die handwerklich begabt sind, und helfen anderen dabei, defekte Geräte zu reparieren. Meist müssen nur die Materialkosten bezahlt werden, zum Teil legen die BesucherInnen auch selbst Hand an und helfen sich gegenseitig. Vor allem in großen Städten wie Köln, Hamburg oder Berlin haben sich Reparaturcafés schon etabliert.

Bücherschränke/Give-Boxen/Verschenknetzwerke

In immer mehr deutschen Städten gibt es inzwischen sogenannte Bücherschränke oder Give-Boxen. Sie werden von BürgerInnen in Eigeninitiative aufgestellt, und alle, die etwas Brauchbares übrig haben, können dies dort ablegen – wer vorbeikommt, kann sich kostenlos bedienen. Auch wenn es manchmal Probleme mit Vandalismus oder übereifrigen Ordnungsämtern gibt, ist diese Form des Verschenkens auf dem Vormarsch. Im Internet gibt es Verschenknetzwerke wie Freecycle.de, in denen überzählige Dinge neue BesitzerInnen finden.

Second-Hand-Läden/Flohmärkte

Der Vollständigkeit halber will ich auch diese schon lange existierenden Angebote erwähnen. Hier geht es oftmals zwar auch knallhart ums Geschäft, aber man bekommt nützliche und gut erhaltene Dinge schon für kleines Geld.

Upcycling

Recycling kennt jeder – da werden die einzelnen Bestandteile der Abfallprodukte sortiert, geschreddert und die Rohstoffe wiederverwertet. Noch sinnvoller ist das Veredeln von gebrauchten Dingen. ›Upcyceln‹ nennt man diesen Trend – aus Europaletten werden Möbel, aus Stoffresten neue Sofabezüge, aus alten Straßenschildern Tische oder aus Plastikmüll Umhängetaschen. Mehr Infos und viele Anregungen findet man z.B. auf www.weupcycle.com.

Kleidertauschpartys/Klamottentauschläden

Eine neue, hippe Variante, zu neuer (gebrauchter) Garderobe zu kommen, sind Kleidertauschpartys. Von den VeranstalterInnen wird ein Raum gemietet, Musik organisiert und alle Teilnehmenden bringen Klamotten mit, die von ihnen nicht mehr getragen werden. Dann beginnt das wilde Anprobieren, bis am Ende alle neue Kleidung nach Hause tragen. Mancherorts existieren auch Läden, wo man Kleidung kostenlos hinbringen und andere mitnehmen kann. Im Internet kann man so etwas auf Plattformen wie www.kleiderkreisel.de durchführen.

Tauschringe

Tauschringe sind nicht neu, erleben aber in Zeiten der Krise wieder einen Aufschwung. Im Prinzip handelt es sich um eine Art bargeldlose Nachbarschaftshilfe, bei der jeder die Talente und Fähigkeiten einbringt, die sie oder ihn auszeichnen. Dies stärkt den lokalen Zusammenhalt und macht unabhängiger von den Verwerfungen des Marktes. Oftmals wird in den Tauschringen mittels einer virtuellen Währung oder in Zeiteinheiten bezahlt. Wer z.B. eine Stunde bei einem Mitglied Rasen mäht, erhält eine Gutschrift, die dann wiederum für einen anderen Dienst benutzt werden kann, z.B. um sich eine Website gestalten zu lassen. Tauschringe gibt es inzwischen in ganz Deutschland, auch in kleineren Orten und Gemeinden.

In Japan basiert sogar ganz offiziell ein Teil der Pflegeversicherung auf diesem Prinzip (›Fureai Kipp‹). Jüngere Menschen kümmern sich um ältere, erhalten so Zeitgutschriften, die sie dann später, wenn sie selbst alt sind, einlösen können, damit ihnen geholfen wird. Dieses System ist doppelt genial – zum einen fördert es den Zusammenhalt der Generationen, zum anderen kostet es den Staat (und damit die Gemeinschaft) kaum Geld.

Komplementäre/regionale Währungen

Das Prinzip der Tauschringe oder der japanischen Altersvorsorge gehört im Grunde zum übergeordneten Konzept regionaler und komplementärer Währungen. Deren Grundidee ist, dem zinsabhängigen staatlichen Geldkreislauf einen regionalen, lokalen und vor allem zinsfreien Kreislauf entgegenzusetzen. Wer sich näher mit den Grundgedanken der Regiowährungen beschäftigen möchte, dem empfehle ich zum Einstieg das kostenlose Buch »Neues Geld, neue Welt« von Tobias Plettenbacher (siehe www. neuesgeld.com/getfile.php?id=192) oder die Werke von Margrit Kennedy und Bernard Lietar.

Car-Sharing/Mitfahrgelegenheiten

Wer ein Auto besitzt, kennt das Problem – sehr oft steht es nur herum, ohne gebraucht zu werden. In diese Lücke sind inzwischen neben kommerziellen Car-Sharing-Angeboten großer Unternehmen auch Internetplattformen gestoßen, bei denen es möglich ist, sein eigenes Auto für eine bestimmte Zeit an andere zu verleihen. So wird es benutzt und die BesitzerIn erhält währenddessen Geld dafür. Diese Angebote stecken aber noch in den Kinderschuhen, da es rechtliche und versicherungstechnische Fallstricke gibt. Sehr erfolgreich hingegen sind Websites, auf denen man für einzelne Fahrten freie Plätze im Auto anbieten oder suchen kann, so dass sich die Umweltbelastung auf mehrere Köpfe verteilt.

Land-Sharing

Von England aus hat sich die Idee des Land-Sharings, also das Teilen von Grund und Boden, verbreitet. Auf der Plattform www.landshare.net werden BesitzerInnen von brachliegendem Land mit Menschen vernetzt, die Land suchen, um beispielsweise Obst und Gemüse zur Selbstversorgung anzubauen. In Deutschland hat man auch die Möglichkeit, gemeinsam Gartenparzellen zu mieten und zu bewirtschaften.

Couchsurfing

Das Internet hat viele Dinge vereinfacht – insbesondere die Kommunikation zwischen Menschen, die in verschiedenen Regionen der Welt wohnen. So war es nur logisch, dass irgendwann jemand auf die Idee kam, seine eigene Wohnung kostenlos Reisenden anzubieten. Es entstand eine neue globale Reiseform namens Couchsurfing, die sich vor allem bei jüngeren Menschen großer Beliebtheit erfreut. Man findet einen Schlafplatz und oft auch motivierte GastgeberInnen, die einem die Stadt zeigen und Geheimtipps geben. Siehe www.couchsurfing.de.

Foodsharing

Relativ neu ist die Idee des Foodsharing – vergleichbar mit den Tafeln können Privatpersonen, ProduzentInnen und HändlerInnen überschüssige Lebensmittel abgeben oder abholen. Über die Website www.foodsharing.de kann man sich zum gemeinsamen Kochen und Essen verabreden. In eine ähnliche Richtung zielt auch www.mundraub.org – hier können UserInnen herrenlose Obstbäume und -sträucher eintragen, damit die Früchte nicht einfach verrotten, sondern abgeerntet und gegessen werden können.

Containern

Tag für Tag werden unvorstellbare Mengen von Lebensmitteln weggeworfen – nicht nur von VerbraucherInnen, sondern auch von Supermärkten und Discountern. Sobald das Mindesthaltbarkeitsdatum überschritten wurde oder Früchte Druckstellen haben, gelten sie als unverkäuflich und landen im Müll. Als eine Art Protest hat sich das Containern (auch ›Dumpstern‹ genannt) etabliert – Menschen ziehen nach Ladenschluss los und fischen die noch verwertbaren, oft eingeschweißten Produkte aus den Müllcontainern. Tipps und Infos gibt es auf www.dumpstern.de. Diese Art der Selbstversorgung wie auch manch andere Tausch-Idee funktioniert allerdings nur vor dem Hintergrund unseres verschwenderischen Lebensstils – so etwas ist also keine Lösung für die Probleme des Konsumismus, sondern bestenfalls die Linderung von Symptomen.

Leihen

Das Leihen von Dingen ist nun wahrlich keine Idee der Neuzeit, sondern vermutlich so alt wie die Menschheit selbst. Neu aber ist, dass es vermehrt Initiativen gibt, die das Leihen als Alternative zum Kaufen und Besitzen in größerem Stil organisieren – sowohl im Internet (z. B. auf www.wir.de, www.frents.com, www.leihdirwas.de), wo man bestimmte Produkte reservieren und dann in einigen Städten gegen eine Gebühr ausleihen kann, als auch in Form von Leihläden wie *Leila* in Berlin. Die Grundidee ist, aus Privateigentum Gemeingut zu machen und so gegenseitig Hilfe zu organisieren. Mitglied kann jeder werden, und gegen einen frei bestimmbaren Monatsbetrag kann man dann die vorhandenen Dinge leihen oder auch neue Dinge zur Verfügung stellen. Es geht um Gegenseitigkeit und Solidarität und nicht um die Anhäufung von Eigentum – und damit wird aktiv an einem Ausstieg aus der Überflussgesellschaft mitgewirkt. Siehe auch www.leila-berlin.de.

Genossenschaften/Mitgliederläden/ Wirtschaftsgemeinschaften

Genossenschaften basieren auf dem Prinzip, dass eine Firma nicht irgendwelchen anonymen Investoren oder Großkonzernen gehört, sondern in der Hand der Mitglieder liegt. Somit können Entscheidungen prinzipiell lokal und regional und in Absprache mit allen GesellschafterInnen getroffen werden. Diese Geschäftsform tauchte erstmals im 19. Jahrhundert auf – einer der Mitbegründer war Friedrich Wilhelm Raiffeisen, auf den die Volks- und Raiffeisen-Banken zurückgehen. Interessant sind Genossenschaften für viele Lebensbereiche. Im Lebensmittelbereich gibt es z.B. Mitgliederläden, die eine begrenzte Anzahl von Mitgliedern aufnehmen. Diese zahlen einen monatlichen Beitrag und können dann Waren zum Einkaufspreis erwerben, sodass die Gewinnspanne der Handelshäuser eingespart wird. In der Regel handelt es sich dabei auch um (regionale) Bio-Produkte. Eine besondere Form dieser Lebensmittel-Kooperative ist der Kattendorfer Hof in der Nähe von Hamburg. Hier zahlt jeder einen von seinen individuellen Bedürfnissen abhängigen Monatsbeitrag und kann sich fortan kostenlos und in beliebiger Menge mit auf dem Hof angebauten Obst- und Gemüsesorten, aber auch Fleisch und Milch versorgen. Jedes Mitglied erhält einen eigenen Schlüssel, sodass der Zugang zu jeder Tages- und Nachtzeit möglich ist. Dieses auf Vertrauen basierende System funktioniert seit längerer Zeit sehr gut. Weitere Infos unter www.kattendorfer-hof.de.

Transition Towns

Eines der umfassendsten Projekte, der Konsumgesellschaft die kalte Schulter zu zeigen und statt dessen auf nachhaltige, sich selbst versorgende Gemeinschaften zu bauen, ist die Transition-Town-Bewegung, die auf den Iren Rob Hopkins zurückgeht. Sie fußt auf der umweltphilosophischen Überlegung, dass unser Wirtschaftssystem angesichts schwindender Rohstoffe eine Gefahr für den Menschen darstellt, und setzt diesem das System der regionalen und lokalen Selbstversorgung, die sogenannte Permakultur, entgegen. Kommunen sollen ermuntert werden, den Verbrauch fossiler Energieträger zu senken, die regionale und

lokale Wirtschaft zu stärken und so ähnlich effizient und energie-
sparend wie ein natürliches Ökosystem funktionieren. Auch in
Deutschland gibt es inzwischen eine ganze Reihe von Transition
Towns – siehe www.transition-initiativen.de.

Adbusting und Culture Jamming: Widerstand gegen die Warenmaschine

> »Culture Jamming bezeichnet eine subversive kulturelle Praxis, eine
> Rebellion gegen die Inbesitznahme öffentlicher Räume und Zeichen
> durch Industrie und Kommerz. Culture Jamming versteht sich als
> Sand im Getriebe der alles verheißenden und nichts erfüllenden
> Werbeindustrie.« – *Klappentext zum Buch »Culture Jamming«
> von Kalle Lasn*

Abgesehen von den Möglichkeiten, sich durch verändertes Konsumgewohnheiten dem System zu entziehen, gibt es auch Strategien, sich gegen die Präsenz von Reklamebotschaften und
Markenwahn im öffentlichen Raum zur Wehr zu setzen.

Der Ausdruck Culture Jamming wurde in den 1980er Jahren
geprägt und erstmalig von der sozialkritischen amerikanischen
Band Negativland verwendet. Einen größeren Bekanntheitsgrad
erreichte Culture Jamming durch den Kanadier Kalle Lasn.
Er gründete das *Adbusters Magazine,* das »Hauptquartier der
Culture Jammer«, und veröffentlichte das Buch »Culture Jamming«, in dem er die neue Bewegung in Beziehung zu den französischen SituationistInnen um Guy Debord (»Die Gesellschaft
des Spektakels«) setzt.

Wörtlich übersetzt, heißt Culture Jamming in etwa, kulturelle Gewohnheiten blockieren, stören oder hemmen. Es ist eine
kreative Form des Protests gegen eine Kultur der Kommerzialisierung und deren Durchdringung aller Lebensbereiche. Culture
Jamming ist also Konsumkritik, geht aber darüber und über
bloßen nachhaltigen oder politischen Konsum hinaus. Zentral ist
vor allem die Kritik der Inhalte und Weltbilder, die die Medien
vermitteln. Ein Augenmerk liegt zudem auf der Entwicklung
demokratischer Strukturen in der Gesellschaft, die die Culture
Jammer durch Marktmachtkonzentration (u. a. im Mediensek-

tor) bedrängt und gefährdet sehen. Nicht zuletzt ist Culture Jamming ganz klar Werbekritik – sowohl an Kampagnen, die ein fragwürdiges Menschenbild vermitteln oder schädliche Produkte in ein besseres Licht rücken, als auch an der grundsätzlichen Beeinflussung der BürgerInnen durch die Reklameindustrie.

Culture Jammer wollen mit ihrem Tun letzten Endes erreichen, dass aus willigen KonsumentInnen wieder (oder erstmalig) wache BürgerInnen werden; dass die Menschen beginnen, Alltägliches infrage zu stellen; dass sie ihr Hirn einschalten. Gleichzeitig soll die Macht der Konzerne, die in immer mehr Lebensbereiche hineinragt, gestoppt und gebrochen werden. Runter von der Fernsehcouch, Schluss mit dem resignierten Schulterzucken und stattdessen aktiv werden, so lautet das Motto.

Eine Methode, dies zu erreichen, ist das sogenannte Adbusting. Produktanzeigen werden geschickt verfremdet und die Werbebotschaften teils in ihr Gegenteil verkehrt, teils der Lächerlichkeit preisgegeben. Mit den Mitteln der Parodie und Ironie werden systemkonforme Symbole und Aussagen umgedeutet und der beworbene Gegenstand so in einen neuen Zusammenhang gestellt. Ziel ist es, die BetrachterInnen zu verwirren, sie aus ihren gewohnten Bahnen zu schubsen, ihr Sehen zu deautomatisieren und sie dazu zu bringen, auch das manipulative Potenzial von Reklame wahrzunehmen. Adbusting-Aktionen werben nicht für ein besseres Produkt und erklären den Menschen nicht die Welt, doch sie zwingen die BetrachterInnen dazu, darüber nachzudenken, was da in welcher Form beworben wird.

Marc-Alexander Holtz bringt dies in seinem Artikel »Culture Jamming – Mindfuck nach Till Eulenspiegel« treffend auf den Punkt:

> »Werbegegner nehmen sich das Recht, auf Werbung zu antworten. Die Idee ist es, Konsumenten zu der Erkenntnis zu verhelfen, dass er wenig bis gar nichts darüber weiß, was ›wirklich‹ ist. Es geht um die generelle Sensibilisierung des eigenen Geistes, um wichtige von unwichtigen Informationen unterscheiden zu können.«

Seit den 1970er Jahren stellen Adbusters die Leitbilder der Konsumkultur auf den Kopf. Erste nennenswerte Erfolge erzielte eine australische Sprayer-Gruppe, die ab 1980 die Reklametafeln von Alkohol- und Tabakkonzernen besprühte. Die Zustimmung der Bevölkerung war so groß, dass von der australischen Regierung ein Verbot von Plakatreklame für Tabakwaren erlassen wurde. Vor allem in den USA, inzwischen aber auch in Frankreich und in deutschen Großstädten wie Berlin findet man seitdem immer wieder Plakate, die auf diese Art ›berichtigt‹ wurden und damit die hinter der schillernden Markenfassade liegenden Wahrheiten der Produkte zum Vorschein treten lassen. Zwar ist Adbusting illegal, weil es als Beschädigung fremden Eigentums gilt,.doch geübte Adbuster gehen geschickt vor und lassen sich nicht erwischen, Sie haben nicht nur viel Spaß an ihrem Treiben , sondern tun auch noch etwas Sinnvolles zur Bereinigung der visuellen Umwelt von der Verschmutzung durch Konsumparolen

Die Grenzen zur Street-Art sind hier fließend, da auch diese Kunstform einen Eingriff in den uns umgebenden öffentlichen Raum betreibt und versucht, alltägliche Sehgewohnheiten zu unterlaufen. Künstler wie der Brite Banksy haben es so zu einer gewissen Berühmtheit gebracht. Trotz seines auch finanziellen Erfolgs ist Konsum- und Systemkritik integraler Bestandteil von Banksys Werk.

Eine ganze Reihe von Beispielen für Adbusts – wie das obige sehr gelungene aus Kiel, bei dem mit dem Aufkleben passgenauer ausgedruckter Buchstaben gearbeitet wurde – findet ihr u. a. auf meinem Blog www.konsumpf.de. Eine Sammlung

von Anleitungen und Ideen für Widerstandsaktionen wurde (in englischer Sprache) vom US-amerikanischen Künstler und Aktivisten Packard Jennings unter www.destructables.org als »Do-It-Yourself-Website für Projekte des Protests und kreativen Widerspruchs« zusammengetragen. Er beschreibt sein Anliegen wie folgt (Übersetzung durch mich):

> »Der ›öffentliche Platz‹ – Räume für das Diskutieren von Ansichten und Ideen mit anderen Menschen, ohne dass größere politische Strukturen ihren Einfluss ausüben – schrumpfen zusehends. Durch Reklame, Überwachung und Privatisierung verschwindet unsere wahre öffentliche Sphäre direkt vor unseren Augen. In zunehmendem Maße wird unser ›öffentlicher Platz‹ ausverkauft und uns dann in Form von Einkaufszentren und ihnen zugehörigen Plätzen neu bereitgestellt. Während diese Plätze sorgfältig die öffentlichen Plätze nachzuahmen versuchen, die sie verdrängt haben, sind sie doch sehr viel strikteren und oft willkürlichen Regeln unterworfen. Wir unterstützen Leute, die aktiv werden, um den öffentlichen Raum für die Menschen zurückzuerobern.«

5. Kritik der Kritik

Auch Konsumkritik ist kritischen Betrachtungen ausgesetzt. Abgesehen davon, dass es viele Menschen gibt, die die Konsumgesellschaft in der jetzigen Form verteidigen wollen (z.B. weil sie derzeit noch davon profitieren), gibt es auch kritische Einwände von jenen, für die unser Wirtschafts- und Gesellschaftssystem durchaus auf dem Prüfstand steht, die aber Konsumkritik für nicht radikal genug halten. Einige der möglichen Kritikpunkte möchte ich an dieser Stelle direkt anführen.

Gerade in Bezug auf den politischen Konsum der LOHAS liegt ein Nachteil auf der Hand – der Kauf von Bio- und Fairtrade-Waren ist auch eine Frage des Einkommens, sodass dieser Weg nicht allen offensteht. Allerdings bieten einige der vorgestellten Konsumalternativen, insbesondere alle im Bereich des Tauschens und Schenkens, eindeutig auch Möglichkeiten für Menschen mit weniger Geld, den eigenen Konsum nachhaltiger zu gestalten.

Ein weiterer Kritikpunkt: Die Frage der Konsumgewohnheiten ist im Grunde eine individuelle Frage. Grundlegende Änderungen lassen sich aber nur in größerem Rahmen, solidarisch, gemeinsam bewirken, weshalb der Einzelne allein kaum etwas ausrichten kann. Genau genommen hat strategischer Konsum den Status einer ›Revolution light‹; man lehnt sich gegen einen Zustand auf, ändert daraufhin ein bestimmtes Verhalten und glaubt damit, das Problem bewältigt, die Ursache behoben zu haben. Die Politik reagiert in ähnlicher Weise. Sie lobt die ›aufgeklärten KonsumentInnen‹ und stiehlt sich damit aus der Verantwortung für eine Gesetzgebung, die gerechtere Rahmenbedingungen schafft, indem Wirtschaftsbelange zurückgedrängt werden.

Insbesondere hat die persönliche Konsumumstellung dort ihre Grenzen, wo es um Unternehmen geht, die nicht direkt mit den EndverbraucherInnen in Kontakt stehen. Industriekonzerne, die Stahl oder Maschinen herstellen, kann man als KonsumentIn kaum bis gar nicht boykottieren. Auch Waffenkonzerne oder die großen Saatguthersteller und Gentechnik-Befürworter wie

Monsanto oder Bayer sind für Einzelpersonen schwer greifbar. Ähnliches gilt für die Ölkonzerne – natürlich sollte niemand bei den Tankstellen der vier größten Umweltsünder Shell, BP (Aral), ExxonMobil (Esso) und Texaco Station machen, aber da diese Firmen auch einen Großteil der Förderung und Verteilung kontrollieren, unterstützt man sie indirekt auch beim Tanken an freien Tankstellen. Hier hilft nur, das Auto stehen zu lassen – und selbst dann verbraucht man in Form von Plastik und vielen anderen Produkten und Dienstleistungen Erdöl in rauen Mengen.

Ein weiterer Einwand ist die Befürchtung, dass das Wirtschaftssystem zusammenbricht, wenn alle plötzlich aufhören würden Produkte zu kaufen. Mal abgesehen davon, dass dieses Szenario sehr unwahrscheinlich ist, da letztlich jeder Mensch Dinge des alltäglichen Bedarfs benötigt, kann der Einwand nicht ganz von der Hand gewiesen werden. Denn die Marktwirtschaft, wie wir sie kennen, lebt vom unablässigen Konsumieren. Genau deshalb ist es dringend geboten, alternative, regionale Strukturen aufzubauen und sich Gedanken zu machen, welche grundlegenden Änderungen des Wirtschaftssystems hilfreich wären, um einen Kollaps zu vermeiden und die Versorgung sicherzustellen.

6. Ausblick: Cradle-to-Cradle, Postwachstumsökonomie und mehr

»Wenn die Menschen jemals frei werden, d.h. dem Zwang entrinnen sollen, die Industrie durch pathologisch übersteigerten Konsum auf Touren zu halten, dann ist eine radikale Änderung des Wirtschaftssystems vonnöten: dann müssen wir der gegenwärtigen Situation ein Ende machen, in der eine gesunde Wirtschaft nur um den Preis kranker Menschen möglich ist. Unsere Aufgabe ist es, eine gesunde Wirtschaft für gesunde Menschen zu schaffen.« – *Erich Fromm, »Haben oder Sein«, 1976*

Gerade weil die Probleme der Konsumgesellschaft nicht auf einer rein individuellen Basis zu lösen sind, möchte ich an dieser Stelle einige Ansätze vorstellen, die für eine umfassende systembezogene Änderungen stehen.

Wenn wir noch einmal an den Wirtschaftskreislauf und seine Probleme zurückdenken (Kapitel 1), wird deutlich, dass sich ein anderes Wirtschaften unbedingt auch auf die Herstellung und Entsorgung erstrecken muss, um Umweltverschmutzung und Ressourcenverschwendung einzudämmen. Recycling und Energiesparen sind zwar ganz nett, aber um wirklich grundlegend umzudenken, sind andere Schritte vonnöten. Der deutsche Verfahrenstechniker und Chemiker Professor Michael Braungart entwickelte aus diesem Grund das Konzept der Cradle-to-Cradle (›von der Wiege zur Wiege‹)-Produktion. Er plädiert für einen radikal anderen Ansatz beim Umgang mit Rohstoffen – es soll keinen Abfall mehr geben, sondern alles der Wiederverwertung, einer Kreislaufwirtschaft zugeführt werden: Teppiche, die die Luft reinigen anstatt sie mit Giften zu belasten. Häuser, die ihre eigene Energie erzeugen und CO_2 aus der Atmosphäre binden. Teile seiner Vision werden mittlerweile von immer mehr Firmen umgesetzt. Neben dem Umweltaspekt ist für diese Unternehmen vor allem der wirtschaftliche Aspekt von Belang, da die neuen Materialien und Produktionsprozesse letztlich günstiger sind, weil man sich keine Gedanken mehr über Müll- und Schadstoffentsorgung machen muss.

So faszinierend dieses Konzept auch ist, es missachtet wesentliche Aspekte der gesellschaftlichen Realität: Professor Braungart unterscheidet sich in der Hinsicht nicht viel von jenen IngenieurInnen, die seit Jahrzehnten darauf beharren, dass vor allem technischer Fortschritt die Probleme der Welt lösen kann. Rohstoffverbrauch und Gifterzeugung sind aber nur ein Teil des Sorgenpakets, dass die Marktwirtschaft uns allen aufbürdet. Die soziale Komponente wird vernachlässigt, die Gefahren, die durch die stetig wachsende Marktmacht einiger weniger Unternehmen entstehen, ebenso die psychologischen und monetären Nachteile des Konsumismus. All diese Gesichtspunkte werden bei Braungart scheinbar ausgeblendet. Deshalb kann Cradle-to-Cradle nur ein Teil eines möglichen Zukunftskonzepts sein – die Überwindung des auf Kommerz und Profitmaximierung ausgerichteten wirtschaftlichen Strebens und Lebens ist nicht minder wichtig.

Die Fixierung auf permanentes, quasi ewiges Wachstum (oftmals gemessen an so unsinnigen Indikatoren wie dem Bruttoinlandsprodukt (BIP)) und auf das Schaffen von Arbeitsplätzen als alleinigem Eckpfeiler wirtschaftspolitischen Denkens und Handelns verhindert meines Erachtens, dass andere, neue, zukunftsfähige und nachhaltige Konzepte aufblühen können. Ähnlich wie der Plan, die Atomkraft als ›Brückentechnologie‹ zu sehen, den Ausbau regenerativer Energien behindert, erstickt das ›Vorfahrt für Arbeit‹-Konzept der Parteien alternative Wirtschaftsansätze. Glücklicherweise mehrt sich die Zahl der kritischen Stimmen, die das Wachstumsdogma der etablierten Wirtschaftswissenschaften infrage stellen und für ein qualitatives statt eines quantitativen Wachstums eintreten (›grünes Wachstum‹) oder gar an einer Postwachstumsökonomie arbeiten, also an Wirtschaftskreisläufen, die ohne den Wachstums- und damit Konsumzwang auskommen.

Der Oldenburger Wirtschaftswissenschaftler Niko Paech ist einer der unbequemen Mahner seiner Zunft, die erkannt haben, dass es Zeit ist umzudenken. Die Grundlage einer Postwachstumsökonomie ist für ihn ein Lebensstil, der mehr auf Genügsamkeit und Reduktion basiert. Die endlose Steigerung von Güterwohlstand lehnt er ab zugunsten einer Reaktivierung nichtkommerzieller (Selbst-)Versorgung, wie ich sie vorhin teilweise skizziert habe.

> »Ein möglicher Ausweg bestünde in einem entschleunigten Lebensstil, angefangen mit einer Entrümpelung: Von welchen Energiesklaven, Konsumkrücken und Komfort verheißenden Infrastrukturen könnte sich die Gesellschaft und jeder Einzelne freimachen? Der Abwurf von Wohlstandsballast wirkt befreiend. Es gilt, sich auf das Wesentliche zu konzentrieren, statt sich in einer frustrierenden Vielfalt von Glücksversprechen zu verlieren.« – *Niko Paech, »Die Legende vom nachhaltigen Wachstum«, Le Monde Diplomatique, 10.9.2010*

Zu Paechs Punkten für einen Wohlstand ohne Wachstum gehören auch noch eine Boden- und eine Geldreform (um von der zentralistischen, zinsabhängigen Währung wegzukommen). Dies alles sind wirklich tiefgreifende Änderungen. Und obwohl sie uns momentan vielleicht utopisch vorkommen, sollte uns der Wunsch einen lebenswerten Planeten zu erhalten, auch über solch radikale Schritte und Einschnitte nachdenken lassen. Die Zeit scheint reif.

7. Zwölf Faustregeln für einen sinnvolleren Konsum

Die folgenden einfachen Faustregeln können dabei helfen, sich durchs Konsumdickicht zu schlagen – sie sollen natürlich nur erste Anregungen für das Umstellen der eigenen Kaufgewohnheiten sein.

1. Niemals beim Discounter kaufen. *Nie. Nichts.* Das betrifft alle Discounter, also Aldi, Lidl, Netto, Penny, Norma, KiK usw. (außer man muss jeden Euro dreimal umdrehen, dann bleibt einem oft nichts anderes übrig.)

2. Möglichst die großen Supermarktketten meiden. Lieber zu kleinen Läden oder auf den Wochenmarkt gehen – auch dort kann man günstig einkaufen, wenn man den richtigen Moment abpasst (beim Wochenmarkt kurz vor Ende). Sich einer Einkaufsgenossenschaft oder einem Mitgliederladen anschließen – dort kann man regionale und Bio-Produkte fast zum Einkaufspreis erwerben.

3. Keine Produkte und Marken kaufen, für die im Fernsehen oder in überregionalen Medien usw. Reklame gemacht wird; denn nur die großen Unternehmen können sich solche Medienpräsenz leisten. Und als KäuferIn bezahlt man Reklameaufwand und Markenbildung mit, da das Marketingbudget mit in den Endverbraucherpreis einfließt. Außerdem sollte man Unternehmen für ihre Bemühungen, uns mit ihrer Reklame hinters Licht zu führen, nicht auch noch belohnen-

4. Wenn es Alternativen gibt, immer Produkte kaufen, die nicht von den großen, weltweit agierenden Konzernen stammen. Also im Lebensmittelsektor die ganzen Marken von Nestlé, Unilever, Kraft Foods, Danone, Coca Cola, PepsiCo etc. im Regal liegen lassen. Möglichst regional, saisonal, am besten Bio und Fairtrade. Kein Bio von Großkonzernen, wenn auch andere Bioangebote existieren. Am besten kein EU-Bio, sondern Bioland, Demeter oder Naturland, also die richtigen, ›harten‹ Bio-Siegel. Kein Wasser in Plastikflaschen kaufen.

5. Weniger oder gar kein Fleisch essen. Generell weniger Tier-produkte konsumieren, erst recht keine aus Massentierhaltung.

6. Den Fernsehkonsum reduzieren, insbesondere kein Privat-fernsehen schauen. Reklamefinanzierte Mainstreammedien kritisch betrachten (selbst Tagesschau etc. sind nicht neutral), sich lieber bzw. zusätzlich mithilfe alternativer Medien in-formieren. Und hin und wieder einfach mal abschalten – die »Digital Detox Week« des Adbusters Magazins ruft einmal im Jahr zu einer Woche ohne elektronische Gadgets auf – um den Geist zu entgiften.

7. Wenn möglich, den Einfluss von Reklame auf das eige-ne Leben minimieren. Am besten keine werbeabhängigen Zeitschriften o.ä. lesen. Im Internetbrowser eine kostenlose Erweiterung wie AdblockPlus für den Firefox installieren. Das Netz wird nicht nur plötzlich schneller, sondern auch viel weniger grell und plärrend. www.adblockplus.org/de/firefox

8. Achtet auch auf den permanenten, weniger sichtbaren Kon-sum – wechselt beispielsweise den Stromanbieter. Nicht zu einem möglichst billigen, der bei den Vergleichsportalen hoch platziert ist – in der Regel sind dies Unterabteilungen der großen Konzerne, die mit Kohle und Atomkraft ihr Geld verdienen –, sondern am besten zu einem der vier echten Ökostromanbieter (Lichtblick, Greenpeace Energy, EWS Schönau, Naturstrom). Es empfiehlt sich auch, die Bank zu wechseln, sofern man bislang bei einer der großen Privatban-ken wie Deutsche Bank, Dresdner Bank, Citibank etc. ein Konto unterhält. Alternativen sind beispielsweise die GLS Bank, Umweltbank oder Ethikbank.

9. Das Autofahren reduzieren; generell die eigene Mobilität überdenken (nicht jede Flugreisen muss wirklich sein). Viele Wege lassen sich auch per Fahrrad erledigen.

10. Dinge reparieren (lassen), anstatt sie wegzuwerfen. Es ist auch vernünftig, Produkte möglichst lang zu benutzen, anstatt kurzzyklischen Trends zu folgen.

11. Wer die Fähigkeiten bzw. die Ressourcen hat, sollte versuchen, z.B. Obst und Gemüse selbst anzubauen – oder Dinge selbst herzustellen.
12. Häufiger mal einen Spaziergang machen und kreativ >auf Reklame antworten<.

Diese Punkte ersetzen natürlich kein politisches Engagement oder konkreten Aktivismus, gehören aber meines Erachtens zur passenden Begleitmusik.

8. Anhang

Literatur

Die folgenden Bücher kann ich allesamt zur Lektüre empfehlen – sie beleuchten das eine oder andere angesprochene Thema etwas ausführlicher oder aus anderen Blickwinkeln. Leider sind einige der Werke in Verlagen erschienen, die zu den großen Konzernen wie Bertelsmann gehören (z.B. Random House, Riemann, Karl Blessing) – in diesem Fall sollte man sie sich lieber gebraucht kaufen oder irgendwo leihen.

Zygmunt Baumann: »Leben als Konsum«, Hamburger Edition, 2009

Neil Boorman: »Good bye, Logo. Wie ich lernte, ohne Marken zu leben«, Ullstein, Berlin, 2007

Tanja Busse: »Die Einkaufs-Revolution. Konsumenten entdecken ihre Macht«, Karl Blessing Verlag, München, 2006

John de Graaf, David Wann & Thomas Naylor: »Affluenza. Zeitkrankheit Konsum«, Riemann Verlag, München, 2002

Erich Fromm: »Haben oder Sein. Die seelischen Grundlagen einer neuen Gesellschaft«, dtv, München, 2005

Bernd Gäbler: »Hohle Idole – Was Bohlen, Klum und Katzenberger so erfolgreich macht«, Otto-Brenner-Stiftung, 2012, kostenloser Download unter www.otto-brenner-shop.de/uploads/tx_mplightshop/AH72_HohleIdole_web.pdf

Kathrin Hartmann: »Ende der Märchenstunde. Wie die Industrie die Lohas und Lifestyle-Ökos vereinnahmt«, Karl Blessing Verlag, München, 2009

Andrea Kerlen: »Einfacher Leben – Ein praktischer Ratgeber zur Konsumeinschränkung«, lulu.com, 2013

Naomi Klein: »No Logo! Der Kampf der Global Players um Marktmacht«, Riemann Verlag, München, 2002

Franz Kotteder: »Die Billig-Lüge. Die Tricks und Machenschaften der Discounter«, Droemer, München, 2005

Kalle Lasn: »Culture Jamming. Das Manifest der Anti-Werbung«, 3.A., Orange Press, Dischingen, 2006

Carrie McLaren & Jason Trochinsky (Hrsg.): »Ad Nauseam. A Survivor's Guide to American Consumer Culture« (engl.), Faber & Faber, London, 2009

John Naish: »Genug. Wie sie der Welt des Überflusses entkommen«, Bastei Lübbe, Köln, 2010

Niko Paech: »Befreiung vom Überfluss: Auf dem Weg in die Postwachstumsökonomie«, Oekom, München, 2012

Armin Reller & Heike Holdinghausen: »Wir konsumieren uns zu Tode: Warum wir unseren Lebensstil ändern müssen, wenn wir überleben wollen«, Westend, Frankfurt a.M., 2011

Robert Skidelsky & Edward Skidelsky: »Wie viel ist genug? Vom Wachstumswahn zu einer Ökonomie des guten Lebens«, Kunstmann Verlag, München, 2013

John Stauber & Sheldon Rampton: »Giftmüll macht schlank. Spin Doctors, PR Wizards, Medienprofis. Die Wahrheit über die Public-Relations-Industrie«, Orange Press, Dischingen, 2006

Harald Welzer: »Selbst denken. Eine Anleitung zum Widerstand«, Fischer, Frankfurt a.M., 2013

Klaus Werner und Hans Weiss: »Das neue Schwarzbuch Markenfirmen. Die Machenschaften der Weltkonzerne«, Ullstein, Berlin, 2010

Filme

Über Konsum-, Konzern- und Systemkritik gibt es mittlerweile auch eine erfreuliche Anzahl an interessanten Dokumentationen. Die folgenden sind offiziell auf DVD erschienen, zum Teil aber zusätzlich auch kostenlos im Internet (bei Videoportalen wie YouTube) zu finden:

»The Yes Men – Streich für Streich die Welt verändern«

»Die Yes Men regeln die Welt« (»The Yes Men fix the world«)

»The Corporation« (engl.)

»Bottled Life – Nestlés Geschäft mit dem Wasser«

»Abgefüllt«

»Plastic Planet«

»We feed the World«

»Good food, bad food – Anleitung für eine bessere Landwirtschaft«

»Taste the Waste – Warum schmeißen wir unser Essen auf den Müll?«

»Monsanto – Mit Gift und Genen«

»Wal Mart – Der hohe Preis der Niedrigpreise«

Diese Dokus und Kurzfilme sind zum Teil Fernsehproduktionen und deshalb nur online verfügbar:

»Kaufen für die Müllhalde« (ARTE)

»The Story of Stuff«

»Nichts geht ohne Coca Cola«

»Schmutzige Schokolade«

»Water Makes Money«

»Die KiK-Story – Die miesen Methoden des Textildiscounters«

»The Good Consumer« (engl.)

»Die 20 größten Konsumsünden« (3sat)

Artikel

Da im Internet eine beachtliche Zahl an Artikeln über Konsum- und Reklamekritik zu finden sind, will ich an dieser Stelle nur auf einige der m.E. interessantesten verweisen:

Noah Bubenhofer: »Werbung und Journalismus: Die Geschichte einer zerrütteten Ehe«, 1998, http://www.bubenhofer.com/publikationen/1998wejou/werbungjournalismus.html

Stephen DeVoy: »Meme Warfare: How to overthrow the powers that be on a low budget«, 2005, http://media.portland.indymedia.org/media/2005/03/314249.pdf

Marianne Gronemeyer: »Dem Konsumismus trotzen!«, 2012, http://www.kritisches-netzwerk.de/forum/dem-konsumismus-trotzen

Sven Lars Hofmann, »Konformität – wem gehört mein Leben?«, Weeyoo, 2011, http://www.weeyoo.de/konformitaet-wem-gehoert-mein-leben

Danny Kringiel: »Reklameterrorismus – Der Axt-Faktor«, Spiegel Online, 2010, http://einestages.spiegel.de/static/topicalbumbackground/7181/der_axt_faktor.html

Ludger Lütkehaus: »Reklame – Die Pest der Kommerzgesellschaft«, literaturkritik.de, Nr. 2, Februar 2004, www.literaturkritik.de/public/rezension.php?rez_id=6804&ausgabe=200402

Chris Methmann: »Konsumkritik – Die Axt am Pfeiler des Kapitalismus«, Arranca, Ausgabe 38, Juli 2008, http://arranca.org/ausgabe/38/die-axt-am-pfeiler-des-kapitalismus

Frank Müller: »Mumpitz Marke«, literaturkritik.de, Nr. 10, Oktober 2005, www.literaturkritik.de/public/rezension.php?rez_id=8561

Hilmar Poganatz: »Ein Hallelujah auf die Anti-Werbung – Wie Culture-Jammer gegen die Werbung kämpfen«, fluter, 24.9.2007, http://www.fluter.de/de/protest/thema/6191

Project Censord: »Wie der Druck durch Werbung die freie Presse korrumpieren kann«, http://konsumpf.de/?p=3448

Horst Stowasser: »Eine andere Ökonomie«, http://konsumpf.de/wp-content/uploads/2009/07/stowasser-anarchie-freiheitpur-eine-andere-oekonomie.pdf

Wolfgang Uchatius: »Wir könnten auch anders«, Die Zeit, 5.9.2009, http://www.zeit.de/2009/22/DOS-Wachstum

Linktipps

Folgende Anlaufstellen im Internet finde ich immer wieder lesenswert, um das eine oder andere Themen dieses Buches weiter zu verfolgen:

Adbusters (engl.) – www.adbusters.org

Agraprofit – www.agraprofit.de

Antipreneur-Shop – www.antipreneur.de

Attac – www.attac.de

Bertelsmann-Kritik – www.bertelsmannkritik.de

BILD-Blog – www.bildblog.de

Campact! – Demokratie in Aktion – www.campact.de

Coordination gegen Bayer-Gefahren – www.cbgnetwork.org

De-Branding – www.de-brand.net/blog

Destructables – A DIY site for projects of protest and creative dissent. (»Do-It-Yourself-Website für Projekte des Protests und kreativen Widerspruchs«) (engl.) – www.destructables.org

Foodwatch – www.foodwatch.de

Futurzwei – Plattform für zukunftsfähige Ideen und nachhaltige Konzepte www.futurzwei.org

kaufkrampf – konsumkritik als kreative aufgabe – www.kaufkrampf.tumblr.com

Der Knauserer – www.derknauserer.at

Konsumpf – Forum für kreative Konsumkritik *(mein eigener Blog)* – www.konsumpf.de

Kritisches Netzwerk – Das Netzwerk für kritische Geister und konstruktive Gesellschaftsreformer – www.kritisches-netzwerk.de

LobbyControl – www.lobbycontrol.de

Mikrofairkel – www.mikrofairkel.de

Seilschaften deutscher Agro-Gentechnik – www.gentechfilz.blogsport.de

Social Innovation Network – Kritik der Kommerzgesellschaft; Bausteine für ein kooperatives Leben jenseits des Wachstumszwangs – www.social-innovation.org

The Story of Stuff Project (engl.) – www.storyofstuff.org

The Yes Men (engl.) – www.theyesmen.org